Ludwig Weibel
Sensibel für das ewig Heitere
Gepräge eines Göttergartens

Books on Demand

Bibliographische Information der Deutschen National-bibliothek. Die Deutsche Nationalbibliothek verzeichnet diese Publikation in der deutschen Nationalbibliogra phie, detaillierte bibliographische Daten sind im Internet über http://dnb.dnb.de abrufbar.

© 2017 Autor: Ludwig Weibel
Herstellung und Verlag:
BoD – Books on Demand, Norderstedt
ISBN 9783743176973

Ludwig Weibel

Sensibel für das ewig Heitere

Inhalt

Das Feld deiner Gedanken
5

Der Welten Glorie und Potenzial
25

Sensibler Seelenfrieden
47

Das Hohelied des Seins
71

Wohlgemeinte Liturgie
91

Dem reinen Sein zu Ehren
115

Deines Wesens Schöpfungsvariante
149

1

Das Feld deiner Gedanken

1.1

Kongruent und deckungsgleich mit Mir soll dein Bewusstsein mählich werden indem du einsiehst wie beständig, liebevoll und einflussreich Ich deine Menschlichkeit seit aller Zeit begleite. Das muss für vieles gut sein was du sonst verderben würdest, tollpatschig, unwissend und naiv in deinen Menschheitskindertagen. Du streitest dich herum mit Dingen die doch sehr ans Lächerliche grenzen. Du beharrst auf deinem Recht selbst dort wo *Ich* den Prozess aus Mangel an Beweisen längst aufgegeben hätte.

Mit Schwielen geistiger Natur an deinen Händen gräbst du dich durch deiner Lebenstage karges Ambiente und vergissest dabei, welchen Reichtum du in Meinen Gärten finden könntest sowohl an Eleganz wie auch an Tricks und Tipps wie sich dein Dasein effizienter und bekömmlicher gestalten liesse.

Es ist eben so, dass du mit deinen ständigen Bedenken unnachgiebige Feinde generierst, die dich in deinem Fortschritt hemmen und dein götterherrliches Vertrauen und Verhalten in perfider Weise untergraben. Ohne Mich läuft in Bezug auf Weisheit, Seinsgeschliffenheit und genialem Duktus gar nicht viel. Wann endlich wirst du dich herzinnig an Mich wenden? Sieh, die virulente Geistesgüte Meiner Provenienz und Übersicht, Gehörigkeit und Würde ist so nah. Du wohnst mit den bedeutendsten Prinzipien des Lebens Wand an Wand und willst sie nimmer als zu deinem höchsten Vorteil wissbegierig und erwartungsvoll besuchen. Ich lade dich beständig ein und du zeigst Mir die kühle Schulter, weil dir die Zeit zur Konversation und zur Synthese fehlt ob deinem Wust an bänkelsängerischen und verwegenen, banalen und verführerischen Operationen.

Wendest du den Seelenblick Mir zu lässt der Kontakt mit Höherwertigem nicht lange auf sich warten. Du fassest Mut im Matsch und schreitest wohlgemut am Gängelband der Zuversicht von Meiner Art zu sein voran und heimsest Heiterkeiten und Glückseligkeiten ein von sagenhaftem Wert und liebeträchtigem Bedeuten.

1.2
Du wirst die Geister die du einst gerufen nimmer los, solang du ihrem Drang, dich zu beherrschen, nachgibst in der Lebenslust-Parade. Kränken sie dich, sind sie auf dem Mist des Weltverführers gross geworden; heben sie dich himmelan, sind sie Gesandte Meiner Gunst und Güte deinem so subtilen Wesen liebevoll entgegen. Wovor Ich dich entschieden warnen muss ist Leichtsinn im Verkehr mit Geisteskräften, denn es gibt nur allzuviele die dich liebend gern beim Wickel hätten. Ihre Absicht ist es, deine so verlockenden Kapazitäten für die eignen selbstgefälligen Belange zu missbrauchen. Sie schwächen dich eh du's versiehst, derweil sie dich galant ins Elend treiben.

Wendest du dich wohlgesinnten Geistern zu, musst du gewärtig sein, dass sie dich intensiv, wo du gefehlt, ermahnen. Sie sind jedoch in Lauterkeit, Verständnis und Behutsamkeit bestrebt, dir Gutes, Lebenstüchtiges und Gottgeweihtes zuzuführen. Das kluge Unterscheiden zwischen beiden ist dein Menschenlos und der Gang in Meine Höhn dein Schicksal, so wie Ich es für dich ausersehen habe.

Meine goldnen Werte sind zwar ohne jeden Vorbehalt in dich gegossen, doch ist dir zugetraut und aufgegeben sie zu deinem eignen wie zum Segen deiner Umwelt zu gebrauchen. Meine Worte diesbezüglich sind nicht sinnlos in den Wind gesprochen. Sie verheissen dir Glückseligkeit im Werden, anmutige Geselligkeit, wie Seinsgerechtigkeit durch's Band in deinem unternehmerischen Stil. Da gilt es die subtilen Meldungen von Meines Hofes Seite in der Seelenstille zu erlauschen und mit ihnen klug und willensstark, verständig und saluber umzugehn. Sie werfen dir nichts vor, doch sind sie höchlich dazu angetan dich in gesicherte, glückseligmachende und feingepolsterte Gefilde hochzuführen.

1.3

Katastrophen sind bei Mir auf einen Franken abgeschrieben. Aufbau und Erhabenheit jedoch erreichen höchste Stellenwerte und sind dazu angetan, Mein Weissbuch öffentlich zu zieren und ihm die so begehrenswerte Gottesnote zuzuschreiben. Was Ich kann ist dir auf deinen Wunsch ein makelloses Zeugnis auszustellen, doch musst du noch die Prüfung in den Disziplinen Unbestechlichkeit, Geschwisterliebe, sowie Reinheit in Gedanken, Wort und Tat bestanden haben. Wieviele Seufzer sind Mir schon entglitten ob der naiven Mangelwirtschaft die so viele Menschenkinder noch in allem Ernst betreiben. Dabei könnten sie mit tiefgefasster Geistbesonnenheit auf's Mal enorme Werte bei Mir schöpfen und in ständiger Bereitschaft halten, um bei Bedarf von ihnen zehren und frischfröhlich zechen zu können. Deine Weisheit soll mit Mir spazieren gehen, um auf diese Weise effektiv von Geisterhand manch Scherflein zugelegt und aufgebessert zu bekommen. Bald wirst du Du auf Du mit Mir verkehren und dabei recht viel von Meinem Götterglanze abbekommen. Je länger deines ganz profanen und prosaischen Erlebens Schatten werden, umso heller wird dich Meiner Gnadensonne Spendefreudigkeit mit ihrem Strahlenbund versehn.

In Sachen variabler Seinsstruktur von deinen Annektierungen sind die von Mir Erstandenen noch immer die Erträglichsten und Freudebringendsten. Du darfst getrost von ihnen schwelgen, weil du sicher sein kannst, dass sie ihre Wertigkeit und Wucht, ihr Renommee und ihr beglückendes Bedeuten nie verlieren werden. Raschen Zugs zieh Ich dich zu Mir her ins Familiäre der gottseligen und seinsgeweihten Geister, damit auch du den Sinn erkennst vor aller Daseinsüberschwänglichkeit und weitgedehnter Nützlichkeit in Meinen wunderbar beseligenden Geisteslanden.

1.4

Noch rar und kostbar sind für dich die seltenen Momente in denen du Mein Nahsein innig spürst und dich daran erlaben kannst, derweil du dich in wunderbar bewusster Sicherheit, Gottseligkeit und Andacht vor dem Allerhöchsten fühlst. Ohne diese seelenvolle Übereinkunft mit dem Allerhöchsten ist es dir nicht möglich nach den Prinzipien von Ruhe, Licht und Frieden deines Pilgerwegs zu gehn. Die Verheissung jedoch bleibt in ihrem Wert und Herzenston für immerdar bestehn, und so Bin Ich gehalten Mein Versprechen an dir ohne Pardon einzulösen.

Läufst du Mir davon muss Ich Mich sputen dich, wenn auch im letzten Augenblick, noch zu erhaschen. Stellst du dich Mir entgegen ist es Meine Sache, deinen Widerstand in Minne aufzulösen, worauf du friedevoll und heiter der profunden Einsicht nachlebst: Gott ist das Allerhöchste und kann von niemand auch nur im Geringsten überboten werden. Nacheifern jedoch ist gestattet und auf's Plausibelste und Innigste erwünscht in Meiner Hochburg des Gestaltens und Geschickt-gesund-Erhaltens aller Dinge Meiner Wesensstrategie. Du könntest dich sogar mit den Erfolgen brüsten, welche du durch Mich erreicht hast, wenn damit nicht die tunliche Bescheidenheit, Glaubwürdigkeit und tadellose Façon deines Lebens auf dem Spiele ständen.

Mein Metier ist es in dir Respekt vor dem so effizienten und bewundernswerten Ablauf Meiner Gotteskür zu schüren. Du kannst noch so lang und breit bei Mir nach einem Fehltritt suchen, nicht den geringsten wirst du finden im buntscheckigen Gefieder namenloser Weltenzeiten. Bei dir hingegen fang Ich gar nicht an, weil es in deinem schütteren Juhee von Unvollkommenheiten wimmelt. Doch Meine Liebesenergie führt dich trotz alledem an den von Mir begründeten Altar, um die glückseligmachende Vermählung einzuläuten.

1.5

Der wahre Jakob ist allein in Mir zu finden als von Mir gestiftet und auf's Allertüchtigste mit Sinn begabt. Das lässt du dir nicht zweimal sagen, sollte man vermuten, doch schau gerade einmal bei dir nach um ernüchtert und enttäuscht zu konstatieren wie bequem und lässig du geworden bist in Sachen Suche nach dem Allerhöchsten, Köstlichsten und Unbestechlichsten was *ist* in deinem Umkreis und Begaben. Da trete ich geharnischt auf den Plan und fordere dich dazu auf, dein Wissen um die ersten wie die letzten Dinge konsequent und zielgerichtet zu vermehren. Fällt dir das schwer, so kannst du ungeniert auf Meine impulsive Hilfe zählen. Du brauchst nur täglich eine Prise absoluter Stille in dir aufzunehmen, derweil du an Mich denkst in jeder Hinsicht und mit seinsnatürlichem Verlangen.

Meine strahlenden Begriffe sollen dir als Griffe gelten für den Aufstieg in Mein Reich der hunderttausend Pfründen, Segnungen und Seligkeiten, die der Welt zu spenden Ich Mich hoch und heilig und für alle Zeit verpflichtet habe. Warum wohl? Weil Ich selber der Beschenkte Bin in dir und deinem kaum bewussten Wust von zähgewordenen Akkommodationen. Ich lasse Meine Helle vor dir leuchten, damit du sehend wirst und klar erkennst was dich noch von Mir trennt in deinen selbstgesuchten Plagen.

1.6

Ich verweise stets auf die unzähligen Spuren die Ich vor dir ausgelegt und eingerichtet habe um dich zu Mir heimzuführen ins Bewusstsein des gottseligen Brauchtums augenblicks im Hier. Du kannst sie nimmer ignorieren, weil sie deine Wege ständig kreuzen und dir damit in Erinnerung bringen was sich für dich eigentlich gehört in deinen multiplexen Unternehmungen, Standarten, Richtungsänderungen und Vollzügen.

Alles was du Bist und hütest bringt dich einem unbekannten Ziel entgegen, dessen Inhalt Mir allein bekannt ist, dass Ich es dir offenbaren könnte, wenn du nur für Meine Worte Ohren hättest und genügend Sachverstand. Du hast ja so viel aufzuholen im Gebiet der geistigen Domänen, die das Sein an sich betreffen und weit über deinen kärglichen Begriffen von Wahrhaftigkeit, von Anstand, Menschenwürde und Begeisterung am Leben stehn. Ohne neue Perspektien jedoch kommst du nimmer aus. Sie müssen so beschaffen sein, dass sie dein Werden straks in Meine Hände, Lande, Meere und Gebirge spielen. Da gibt es unerhört geschmeidige und richtungweisende, gottselige und feingefügte Variationen, die, sowie sie dir bekannt sind, sicherlich dein höchstes Wohlgefallen finden.

Bin Ich selber schon so weit im Universenbau gekommen, so könntest du als Seinbewohner wenigstens die recht bescheidnen Pflichten, die Ich dir auferlegt, gewissenhaft erfüllen, denn sie begründen selbander mit Mir eine Geistkultur von hohem Wert und von denselben Rängen die die Gottessöhne sagenhafterweis errungen haben.

1.7

Immer Bin Ich da dich zu erhören, und mächtig fallen Ströme reiner Liebe bei dir ein um deine Wildheit und Verwegenheit zu zähmen und der Schönheit, Wohlgeordnetheit und farbenfrohen Fülle des Elysiums zuzuführen.

1.8

Mein Momentum und Potential sind universenschaffendes Genügen an Mir selbst wie an der Tauglichkeit und Würde des Geschaffenen hinunter bis zu dir. Wohin du reisest kann demnach nur aufwärts gehn in lichtere Gefilde zu vertrauenswürdigeren Stationen als zu denen die es bisher für dich waren. Ich füge Sicherheiten ins allmenschliche System und Seinsgehaben die es bisher noch nicht gab, damit die Evolution in Meinem Sinn vorangeht ohne laterale Schäden mitzutragen. Ich säe wunderbar geeignetes Ideengut in die Gedankenfelder ganzer Generationen wo es in Schönheit, Nützlichkeit und Kraft erblüht, um Frieden und harmonisches Zusammenleben zu bewirken . Nach dem Mass der freudestiftenden und liebevollen Götterfunken soll die Menschenwelt mit allen in ihr wirkenden Nuancen existieren damit sich einmal doch das Wort erfülle: Die Tage deiner Unrast sind gezählt, es zeichnet sich das Glück der Seinserfahrenheit auf deine Spuren die dir Überlegenheit, gottselige Vernunft und Seinsbewusstheit attestieren.

Schlussendlich dominiert in dir das Ich-Bewusstsein göttlicher Façon mit dem Ich dich schon vor Urzeiten ausgestattet habe. Du erkennst dein gottgesegnetes Profil und handelst strikt nach diesem, um der Mustergültigkeit und resoluten Ordnung willen die daraus ersteht.

Deine Heimat wird wie eh und je die Meine sein, nur dass du sie erkennst und akzeptierst und deine Pläne ohne jede Aberration voll Seele nach den Meinen richtest, um dich in ihnen auch aufs Beste zu bewähren. So messen sich und treffen sich die Linien wahrer Güte und Gerechtigkeit im Menschenheer, um es im Lichthof der Unendlichkeit zu einem gottgefälligen Artistikum voll Liebe zu gestalten.

1.9

Recht famos ist was Ich dir als Bildnis ins Gebetbuch lege, um dich in der Ansicht zu bestärken, dass der Geist des liebevollen Fortschritts immer noch im Menschenreich regiert, damit Mein Wille überall geschieht wo sich die Seelen nach Erbauung und Erlösung sehnen. Was im Geistraum effektiv vorhanden ist lässt sich von dir auf

Dauer einfach nicht mehr leugnen. Du beginnst gedankenkräftig regen Austausch mit den Wesen wahrer Wirklichkeit zu halten und bedienst dich ihrer um das Deine fabulöserweise zu erhöhn.

Ich liebe Unterstützung deinerseits bei Meinen weltgewandten Aktionen und vor allem bei der Innovation hochqualifizierter Seinsprodukte, die Mir brennend im Gewissen liegen. Allumfangend und -belebend ist die fabelhafte Fantasie, die Mir's gestattet hochkomplexe Überlegungen in Meinen Weltraum einzufügen und auf's Allerbeste zu beherrschen.

Was du damit gewinnst ist unermessliches Dich-Selbst-Behaupten und Verstehn. Du nimmst den Ton von Meinem Tönen dankbar an und übertriffst dich selbst in einem Schwall von ausserordentlichen Aktionen die weit über deine angeborenen Grenzen ragen.

„Mein ist die Welt in der Ich Bin und lebe", rufst du strahlend aus und „um Mich zu verwirklichen übergebe Ich Mich vollends der gottseligen Instanz, die sich noch so gern um Mein Befinden kümmert." Gemüt. Katharsis, Urkenntnis und Veränderung von Grund aus sind bei diesem Vorgehn gross geschrieben. Sie entfernen das verbraucht Gewordene von dir und verschaffen dir damit den Raum des Dich-Entfaltens in den Sphären Meiner seinsharmonischen Errungenschaften und Verträglichkeiten, faszinierenden Gestaltungen und hell aufjauchzenden und genial erfundnen Idealen.

1.10

Still nehm Ich dich beiseite und flüstre Dinge dir ins Ohr die dich ungemein beglücken und dir neue Horizonte öffnen auf der hellen, heilen Gottesspur. Was du wissen sollst ist Mir schon längstens klar nämlich, dass das Wirkende und damit Wirkliche des Lebens geisteskräftiger Natur ist, von Mir und Meiner Kompetenz auf's Wunderbarste aufgeladen. Kannst du das zutiefst erkennen hat für dich die Stunde reiner Wahrheit und

Gerechtigkeit am Sein geschlagen. Du erhebst dich im Bewusst-Sein über das empfindlich aufgewühlte Meer von Lebensnöten und siehst dich auf's Befreiendste und Wesenhafteste verbunden mit dem weltenschaffenden Genie das Ich Mir Bin und das du Bist mit genau denselben seinsgeschwisterlichen Definitionen.

Nun kannst du es dir leisten froh und unbeschwert auf der Agora deiner Welt den Frieden zu verkünden und darfst derweil in lauterer Wahrhaftigkeit auf Ihr herumspazieren. Die Leute hören dir begeistert zu und lassen dich von deinem selbstbewussten Enthusiasmus in die wunderbarsten Geisteshöhn erheben. Du weisst und alle dürfen es nun wissen wie es um sie steht und wie sie das Erhabene geniessen können auf der freigelegten Götterspur.

Eine feine blankgefegte Stufe haben sie an Meiner Hand erklommen in dem sagenhaften Evolutionenschreiten dem sie in allen Ehren und mit auserlesenen Begünstigungen zugehören. Das lässt die Lebenstage dir zu einem Fest der Seinsgewissheit und Unsterblichkeit gedeihen, denen du geweiht bist lichtvoll, unbedingt und immerdar.

1.11

Rabenmütter sind in Meinem Haushalt keine Option, denn sie verschütten Mir den Brei den Ich mit meisterhaften Kellenstrichen hochgezogen. Du glaubst es kaum mit wieviel Engagement und Innigkeit Ich täglich operiere um das Schöne und Beglückende hervorzuzaubern das den Welten frommt die Ich mir traulich zugeschrieben. Soviel auf einmal kann nur einer Gottheit durch die Finger rieseln und von Mir auf Mängel kontrolliert, markiert und laufend ausgeschieden werden. Du möchtest nicht zu den Verworfenen gehören, sondern zu den Auserlesenen und Diplomierten die sich Fürsten nennen dürfen und Verbündete der höchsten Ideologien die da sind: Regierung deines Reiches durch Vernunft und Willenskraft, Allmenschlichkeit und liebevolles Deuten der Gerechtigkeit an deinen Untergebenen. Die Register reinen Wohllauts sollst du ziehen, wenn es dir um Neuerungen und Errungenschaften, Wertvermehrungen und Einsichten zu tun ist in des Lebens grandios gefassten Zügen. Du wirst Mir nicht entrinnen ebenso wie Ich dir nicht entgleiten will in deiner Philosophie des Daseins und der Mächte die dein Sein bewegen sollen. Strafbar ist noch vieles was du an den Zettel hängst und das sollst du mit Meiner Hilfe unbedingt und straks entknoten. Solang du Mir vertraust läufst du niemals Gefahr am falschen Griff zu ziehn und damit Unglückseligkeiten zu kreieren. Vielmehr bereiten dir und deiner Welt die ausgewogenen Entscheide und Verrichtungen die allergrösste Freude und vermehren jederzeit den Sinn in deinem Sein und Streben.

1.12

Meisterschaft ist angesagt in allen Disziplinen die Ich dir vor Hand und Fuss und Sinn und Geist gelegt. Du bist nicht irgendein Gelarter sondern der verheissungsvoll geladene Gesandte Meiner Kunst, das Weltall zu regieren und mit himmlischer Gerechtigkeit und Wonne zu versehn. Meine Fabeln sind dem Fabelhaften und Erspriesslichen, Entzückenden und Wohldotierten zugetan und laden dich voll Innigkeit zum Bade. Wer erfindet findet auch den Dreh, das Ausgedachte auszuführen und es mit Eleganz, Geschliffenheit und Anmut zu begüten. Dann beginnt die Phase, ihm auch Anstand, Redlichkeit, Verträglichkeit und Ehrfurcht vor sich selber beizubringen, sofern es menschlich werden soll in Ausgewogenheit nach Meinem Ideal. Hast du das Gefühl, dass dem so ist, wirst du dich kräftig um Allmenschlichkeit bemühn für deinen eignen Fall zu allererst und dann voll Zartheit, Rücksicht und Verständnis auch für alle andern Fälle, die dir in die Finger laufen.

Ein Diener der Gesellschaft sollst du sein, doch ganz zuvörderst eben doch der Meine, welcher weiss was sich gehört dem Herrn und seiner Unbedingtheit gegenüber. Wer ist dein Herr? Du selber, der Ich dich Bin im gewaltigen Vergleich den Ich mit dir im Sinne habe. Tröste dich damit, dass aller Anfang schwer und schwierig ist und habe selbst mit Mir Geduld, der Ich dich sorgsam durch die Klippen, Kniffe und Klamauke des profanen Lebens führe.

Zweisamkeit ist demnach angesagt auf dem glitschigen Parkett, um dich vor Ausglitt und Malheur getreulich zu bewahren. Du bist zur Herrlichkeit im Herrn berufen, jetzt und allezeit und darfst dich freuen auf den letzten königlichen Zug, mit dem du alle deine Ehrenwünsche und Verfehlungen mit schachmatt belegst. Ins Unkraut eingesät wirst du zur vollen Blüte herrlich obenaus erstehn und Mir wie dir zur sagenhaften Freude, Wonne und Bewusstheit dienen.

1.13

Die Welt, ein Feuerwerk des Geistes unter Meinem väterlichen Segen, fuchtelt vor sich hin und bemüht sich darum ihre Kindheit abzustreifen und erwachsen, kompetent und seinsbewusst vor Mir einherzugehn. Kannst du begreifen, dass ein Gotteswille sich auch unbedingt erfüllt, so oder so, auf langgedehnten oder abgekürzten Wegen. Mein Lieber, welchen willst du gehn?

Ich biete dir Gelegenheit mit Meiner wohlerwognen Unterstützung rascher und gewandter an dein Ziel zu kommen. Sieh, ich lebe eben in ganz andern Dimensionen die sich nicht mit kleinlichen Querelen und Behinderungen hemmt und jedes Schwungs beraubt. Mein Ansatz ist Vortrefflichkeit in fabelhaft klassierter Kondition, die alles von sich weiss was nötig ist um fabelhafte Resultate zu erzielen.

Das Minikrime lasse Ich von dir besorgen. Kennst du den Auftraggeber und nimmst du wachen Herzens die Verbindlichkeiten an, die aus dem Dom der sagenhaften Himmelweisheit fliessen, geschieht das Wunder, dass du anstandslos und kraftvoll, voll bewusst und überragenden Gebietens sachgemäss agierst, florierst und aufbegehrst, um selbander mit dem Reichtum des Gemüts, erhabenes Gespür für Götterqualitäten zu erreichen.

Was immer du bewusst verrichtest trägt den Stempel himmelhoher Dignität, von Mir befohlen und in Meinem Sinne vorgekehrt. Das soll dann für immer deine Weise sein, um unbeirrt und tapfer vorzugehn in Sachgeschäften wie in zartgefühlten Meditationen. Auf Mein Wort legst du die Netze aus des fürstlichen Gehabens das du von Mir erworben hast und brauchst dich um den Reichtum deiner Fänge nicht zu sorgen. Du freust dich an der Gegenwart der gottbegnadeten Allüren die von Mir zu deinen fliessen und bedienst dich ihrer, um vertrauensvoll, selbstsicher, elegant und harmoniebeschwingt voranzuschreiten.

1.14

Mein Votum heisst: Gehabe dich wie einer der geschaut hat wie vollkommen paradiesisch alles eingerichtet ist in Meinen gottbewussten Höhen und Holdseligkeiten. Es kann nicht anders sein bei einer hochsensiblen, äusserst wählerischen voll bewusst agierenden Instanz, die mit absoluter Dignität über sich und seine Schöpfungen regiert seit Ewigkeiten. Deswegen habe Ich nie etwas zu beklagen und Meine Stärke liegt darin, dass Ich noch jeden unscheinbaren Schwächeanfall stante pede überwunden habe. Sind doch alle Meine Kräfte universenschaffend aus Mir selbst genommen, ohne dass Ich je ein Mindern ihrer Qualität und Menge hätte konstatieren können. Du Bist und wirst Mein Zeuge sein von all den Herrlichkeiten die Ich rings um Mich geschart und Mir als Auditorium für was Ich Bin herangezüchtet habe. Dazu gehörst auch du in deinen wuchtigen Agglomerationen wo du dir deine Gottessporen abverdienen musst, das heisst, du hast Erkenntnis zu erlangen von der Poleposition von der du ausfährst, um Mein Reich und Meinen Reichtum zu gewinnen. Du musst schon doof sein, wenn du nicht Gebrauch machst von der Möglichkeit an deines Schöpfers Hand durch seine Gärten zu flanieren und dir deren schwellende Natürlichkeit bewusst zu machen jederzeit in deinem nie verebbenden Bewusstsein von dir selbst im Hier und Dort inmitten des myriadenfältig von Mir aufgemachten Planetariums.

Was nicht ist kann werden, doch im geheimsten Inneren bist du es schon, das grandiose göttliche Sensorium mit dem Ich dich seit immer liebevoll bedacht und ausgestattet habe. Spürst du Mein Innesein in dir, so ist dir radikal geholfen und du fühlst dich über alles Weh hinweggehoben. Mit Sternensicht begabt beginnst du alles Weltliche voll Liebe aus der Gottesperspektive anzusehn. Du linderst wo du kannst und offenbarst den vielbedrückten Seelen den Weg zu ihrem Heil und ihrem Gotteswohl so lange bis sie ihn voll Glück, Begeisterung und Feingefühl gefunden haben.

1.15

Kann es sein, dass du dich irrst mit deiner Art und Weise auf das Weltentum zu blicken? Ich sage Ja, denn du vergissest allzu oft dir recht bewusst zu machen was hinter allem steht an geistiger Gediegenheit und Genialität im Aufbruch zu den Sternen den du eben miterlebst.

Was dazukommt will Ich dir nun sagen: Eine grenzenlose Freude über alles was du dir geworden bist im Laufe von Äonen. Du warst ein Nichts in Sachen Selbstbewusstsein als dein Wesen noch ganz ganz am Anfang war. Ich musste alles was aus dir herauskam füglich selber spielen. Doch in ungezählten Runden, inmitten einer anspruchsvollen, bissigen Umgebung, gelang es dir dich selbst zu sein und Dinge von dir zu erwarten, die du vordem kaum zu Träumen wagtest. Das lockerte dein vielversprechendes Gemüt und liess es kühn und clever, verständig aber auch recht eigensinnig werden. Demzufolge schnürtest du dich ab vom grossen Ganzen, das Ich Bin und glaubtest, alles Lebensfrohe, Tüchtige, Tatkräftige und Wissenschaftliche in eigener Regie verrichten und verantworten zu können. Doch oho gar vieles kam bei weitem nicht so unbescholten und geschniegelt, traubensüss und lobenswert heraus wie du es dir erdachtest, weil du schlicht und einfach die Gesetze des geringsten Anstands und der Loyalität missachtetest, die Ich dir vorgegeben. Das erforderte, von Mir bewirkt, die ernste Korrektur in deinem Sein und Streben, damit du demokratischer, verträglicher und liebenswürdiger herauskamst als du's vordem warst. So erfolgte deine Edukation von Meiner Seite sowohl in Bezug auf Selbstbewusstheit wie auf allgemeines Weltverständnis und Dem-Sein-Entgegenkommen. Demgemäss erklimmen wir selbander die erstrebenswerten Geisteshöhen, die das Weltensein erträglich und vergnüglich machen, auf den Spuren der Felicitas, des Seelenadels und des allgemeinen Gotteswohls.

1.16

Mir obliegt es, ohne dass du's merklich konstatierst, den Behüter und Pastor des Seinsgewissens deiner Wenigkeit zu spielen. Es ist Mein Aufzug den du leistest, sollst du wissen, und Mein seinsgesselliges Benehmen, das dir zum Glück gereicht und zur gottseligen Erhabenheit in deinem delikaten Jagdrevier. Mir kommt es vor als hättest du in deinem Eifer Mich zu suchen merklich nachgelassen nach dem Motto: Nichts tun ist bekömmlicher als schuften um zu einem hehren aber unbekannten Ende zu gelangen. Du bildest dir Verdienste ein die dir so lässig wie gebrat'ne Täubchen in den Teller fliegen. Von Mir jedoch ist konsequente, tüchtige Arbeit und Entschiedenheit, Wehrkraft und glasklares Denken zu erwarten. Das ist nun Mein Gebot: Lass dich von den Gedankenläufen der Verführer die dich rings umgeben nicht zur seinsverheerenden Bequemlichkeit bewegen und schlimmer noch durch sie zur schlechten Tat. Sie belastet dein Gewissen, alsogleich nachdem du sie begangen und entwendet dir die Herzensruhe nach der du so geschielt im heissgewordenen Verlangen. Die Szene überschauen und das Rechte tun ist die Devise die von Meinem Hause ausgeht an die Bürger einer unstabilen Welt, die eines guten Rats wie nichts bedürfen.

Solang du dir nichts vormachst kann dir auch von Mir nichts Ungebührliches geschehn. Bist du aber ins Abseits von Meiner Regelmässigkeit geraten folgt die Strafe auf dem Fuss, indem Ich dir Rastlosigkeit verpasse in deiner Ignoranz und deinen penetranten Ungezügeltheiten. Erst wenn du dir zum Ekel bist geworden kann die Umkehr dir aus eigner Motion gelingen worauf Ich alsogleich zur Stelle bin um dich mit himmlischer Gerechtigkeit und Mustergültigkeit zu unterstützen, bis zum Aufbruch in Mein Reich, Mein Heil und Meine Heiligung in auserlesener Manier.

1.17

Komm doch zu Mir, wenn nichts mehr gehen oder laufen will auf deiner kahlen, kargen Seite, denn Ich Bin rings von Reichtum und Gewissenhaftigkeit, Vergnügtheit und beseelter Tapferkeit umgeben. Dein Mangel an geselligem Verhalten hat dich schliesslich doch zu Mir gebracht und zur Erkenntnis, dass das göttliche Belehren und bewundernswerte Unterweisen doch zu etwas führt, was Aufbau und Beweglichkeit bedeutet im Gefolge jeder guten Tat. Ich vermache dir den Satz: Das grossgeschriebene Erwachen wird auch dich wie eine Fabel aus Arabien voll Sanftmut überkommen und deine Ansicht von dem Weltensein komplett verändern. Alle deine Mühen sind geläutert und gestählt von dem Gedanken, dass sie dir verliehen sind um deiner Elevation ins Göttliche und Grandiose Willen, dem du in Tat und Wahrheit zugehörst. In aller Stille zieht dich dieser Wandel himmelan und befeuert dein Gemüt mit Seligkeiten seinsspontaner Art, die von Meinem Sinnkreis majestätisch und gewissenhaft zu deinem fliessen.

Jede Handlung die Ich dir zulieb an deines Wesens virulentem Sinngedicht verrichte, liegt haargenau auf der subtilen Gottesspur die Ich in deines Reiches Wüstenei gezogen habe. Du kommst und schaust Mein Siegel freudestrahlend an und beeilst dich Meinem Anruf zuversichtlich und geduldig zu genügen. Schlussendlich wird es dich zur alles überragenden Erkenntnis führen, dass du ein unendliches vom Gottesgeist erfülltes Wesen bist mit allen hochbrisanten Attributen. Das spornt dich an zu einem Leben in der Heiligkeit des Absoluten und der Friedefertigkeit des Allraums dem du dich bewusst und heiter, unverzagt und tiefbeglückt dahingegeben.

1.18

Vom Liebelicht aus Meiner Wohlgefälligkeit durchströmt vermehrt sich dein Vertrauen in das Sein beständig und inständig bis du dich ununterbrochen und glückselig in ihm fühlen kannst. Du spürst die Weiten des Bewusstseins seelenruhig in dich ragen um dich mit sonderlichen Leichtigkeiten und Erhabenheiten zu versehn. Ohne jede Willkür schaffst du es, derweil du eben noch ein Nichts warst, allbedeutend, seinskonkret und minnesängerisch dein Lied dem Strahlenheer der Welten vorzutragen die da *sind* und ihren Anspruch und ihr Resümee vor dir erheben. Das ist nur möglich, wenn ein Etwas in dir, das Ich Bin, beginnt das Zepter und die Herrschaft über dich im besten Einverständnis mit dir zu erheben. Daraus ersteht ein Konsistorium von höchster Plausibilität und sagenhaftem Nutzen an der Welt über die du deine Flügel breitest deren Flaum Ich leichterdings und liebevoll durch himmelblau gezinkte Weiten trage.

So verhelfe Ich auch dir, geliebter Gottesfreund, zum Sieg in Sachen Seinsvertrautheit, zyklischer Vertauschung, Sammellust und noch viel mehr. Das lässt dich an dir selbst bemerkenswerten Halt und ausgezeichnete Verhältnisse, Sequenzen und Mandate finden, die dich in deinem Reich zur überragenden Berühmtheit stilisieren. Du schaffst es, ohne Pardon auf den Sockel der verdienten Königskämmerer gehisst zu werden. Dein Anspruch ist auf's Fabelhafteste gediehen und dein Sinnspruch lautet: Hier Bin Ich und lasse nur die Allerwägsten und Gerissensten an Mich heran. Kannst du begreifen wie sich da die kunstbeflissentsten Gemüter um dich scharen um dir mit ihrem Konterfei die Trefflichkeit von ihrem Wesen vor- und nachzuweisen. Da gibt es dann von deiner Seite ein unendlich Federlesen, das im Nimbus endet von der Mär du seiest zugleich unparteiisch wie auch vom Parteilichen beseelt. Dabei Bin Ich in allen die Mich wahrhaft kennen der Befreier und Beglücker an sich dem man bis auf's Blut vertrauen kann und der sich als ein wunderbarer Segen über's Universenzelt ergiesst.

1.19

Philanthrop zu sein ist für dich wie für alles Volk bedeutend besser als mit misanthrophischer Gebärde auf der Welt herumzukriechen. Ich hab ein gutes Stück von Meinem Kuchen für dich abgeschnitten und offeriere dir was es enthält: Den feinen Duft den es um sich verbreitet wie die Seinssubstanz die es in konzentrierter Form und Fabelhaftigkeit enthält. Du kannst es mögen oder nicht es stellt die Weltenweisheit an sich dar, die schon seit Unendlichkeiten aus sich selbst hinausgeht um Konkretes, höchst Komplexes zu erschaffen, das die Menschen, ohne es manierlich zu durchschauen, vor sich sehn. Das führt sie zu gewagten Hypothesen und Vermutungen darüber wie es denn wirklich sei und vor allem auch wie es geworden ist mit seinen hunderttausend Komponenten, Genialitäten, Regelwerken und perfiden Komplikationen. Da sind mehr als nur ein gutes Auge und geschulter Sachverstand vonnöten, um die Materie bis ins letzte Detail zu begreifen die vor dir flachliegt oder sich in unsagbaren Kämpfen, Krämpfen, Zuckungen und zierlicher Natürlichkeit vor dir ergeht. Es gilt, den Lauf der Motivation der Müskelchen bei Mensch und Tier gebührend zu begreifen. Das Ineinanderwirken alles Geistigen mit dem was du Materie nennst gibt dir noch manches Rätsel auf, das dir am Ende nur der der Ich Bin à fonds erklären könnte. Das Meisterhafte trippelt ungeniert und burschikos vor deinem Eigensinn herum und ohne dass du seinen Künsten auf die Schliche kommst in deinem Mangel an präzisem Schauen und subtil gewordenen Empfinden.

Dabei halte Ich dir jede Auskunft über die Gesetze wahren Seins hinter unverschlossnen Türen alleweil zur Einsicht und Verbindlichkeit bereit, damit gerade du dir offenbaren kannst was du tatsächlich Bist und wessen Sinn und Geist sich wunderbar auf deinem Antlitz spiegeln, alsobald wie es von stillen, reinen Regungen des spintisierenden Gemüts gespiesen und geformt wird.

Immer bringt das Reine, Seelenvolle das Wahrhaftige zutage und lässt dich staunen über die vollkommen unbeschadeten und lichterfüllten Ordnungen die immer noch die Weltenhintergründe zieren. Dort ist Mein Reich in Himmelszelten aufgeschlagen und wird auch deines sein sowie du dich wie Mich im Innersten verstehst.

2

Der Welten Glorie und Potenzial

2.1

Glaubhaft dargelegt ist nur was Ich dir präsentiere, denn es steht geschrieben: Wahrlich echt wahrhaftig und gediegen kann nur Ich, der Herr, sein auf und ab und hin und wider durch der Welten Glorie, Beschaulichkeit und überirdisches Potenzial. So viele reichgekrönte Häupter auch an Meinem Melange hangen Ich übertreffe sämtliche um ein Gewaltiges in Sachen Richtplan und Ressourcen, Glaubwürdigkeit für immerwährendes Geradestehn und ewige Wachheit für die Nöte Meiner Lieben. Hast du das begriffen, hast du gern und viel mit Mir zu tun im Lauf und Ablauf deiner Lebenszeiten. Ich würdige dein Können, doch es darf nicht sein, dass du das Meine unterschätzest und verbagatellisierst in deinem Eigendünkel mehr zu sein als Myriaden andere im Saus und Brause deiner wunderbar florierenden Geschäfte, Niederlassungen und Spelunken an ominösen Hafenpromenaden.

In das Eine müssen alle tauchen, das Ich Bin, mit wohlgesetzen oder miserablen Karten für den Fortschritt im Bereich der Geisteswelten die da sind: Absolute Ehrlichkeit den Partnern gegenüber, Freigiebigkeit zur Linderung der Weltennöte sowie ein Bewusstsein für das Ewige das sich am Ende breit und tüchtig machen soll in jeder delikaten Kreatur.

Ich propagiere was für alle Geltung hat, ob einer in dezenten Filz-Pantöffelchen auf weichen Sohlen durchs Vergnügen täppelt oder ob ein anderer sich durch den Abfall stochern muss um irgendetwas Überlebensnützliches zu eruieren. Der Gleichgestimmtheit aller edlen Herzen gegenüber Mir komme Ich voll Sanftmut und Barmherzigkeit entgegen und überströme sie mit dem Gefühl der Freundschaft die aus dem Vertrauen in ein Höheres erwächst das schliesslich alles gut macht von den niedersten bis zu den höchsten Rängen.

2.2

Kraftvoll, majestätisch und bewundernswürdig ist das Wesen dessen der unendlich viele Welten sich erschuf. Und diesen sollst du über deinem Eigendünkel ohne jedes Pardon täglich ganz zuerst bei irgendeinem würdigen Namen nennen in des reinen Seins erhabnen Regionen. Das wirkt und wallt Mir liebevoll entgegen und bewegt Mich dazu Güte und Gerechtsein an dir auszuleben um deiner Seele Dürftigkeit dem ewigen Heil anheimzugeben.

Was Mich dauert ist das längelange Hin-und-her-Kutschieren deinerseits bis einmal wieder etwas wahrhaft Tapferes geschieht von Meiner Warte aus gesehn. Es muss nicht immer Kaviar sein, das du Mir präsentierst. Ich Bin auch schon mit ein paar Geistesbohnenkügelchen zufrieden. Nur dass sie von deiner dezidierten Absicht stammen dich zu ändern im bewundernswerten Tun.

Ich glaube an das Gute das geschehen kann, wenn sich dein kleiner Wille mit dem Meinen, unsagbar potenten, arrangiert um *ein* Jahrhundertwerk gleich nach dem andern zu vollbringen. Was zweifellos geschieht ist die Vereinigung der Weltenkräfte einem ausserordentlichen Werk zuliebe das die Zeiten überdauert und zum hochdotierten Lohn wird für die wohlgelungnen Taten.

Ich sende Meinen Mahnruf und Mein Veto in die Tiefen deiner Unbeständigkeit solange bis du deine Fehler einsiehst und dich zur Umkehr und zum Neubeginn bemüssigst vor dem Angesicht des Herrn der Welten der dich gnadenvoll und pausenlos begütet.

Ich muss Mich niemals dir entgegenwenden, weil Ich schon immer wohlgefällig zu dir schaute. So gedeihst du unter Meinen Sternen und gehabst dich Meinem Sinn gemäss, das heisst im Sinn der grandiosen Evolution die Ich für alles Weltsein liebevoll und rein, erfolgreich und glückselig angezettelt habe.

2.3

In Reinheit geboren und zum makellosen Sein erkoren ist die Menschenwelt in ihren grandiosen Zügen um die Zukunft ihrer Wahl. Was hast du denn, dass du so häufig gegen Mich statt für und mit Mir liebevoll agierst? Dein Wille zur Güte muss sich stärken und damit dein wohlgefälliges Dich-vor-Mir-Vertun. Es ist das Eingefleischte das dich daran hindert dich zu ändern in den Punkten deiner Lebensführung die sich Meinem Sinngehalt entgegenstellen aus Naivität, Gewohnheit oder süchtigem Erliegen. Hinter diesen Fakten lauern Kräfte des Verderbens die die Menschen immerzu in ihrem selbstgeschaffenen Wahn bestärken wollen.

Deinen Willen hast du dir im Taggeschäft zu schulen, damit du allem Meister wirst was dich bedrängt und dich ins Unheil führen möchte.

Was ist dein Wille anderes als akkurat der Meine, der mit unerschöpflichem Gedulden deine Positionen festigt und sie zu Bastionen ausbaut gegen jegliche Gefahr. So wird sie denn auch überwunden und in deinem Dasein wird ein Friedenssitz entbunden auf dem du fürstlich thronst. Das Krisenblatt hat sich gewendet auf die Seite mit den vorteilhaften Stellen, die dein Sein im besten Licht vor Mir erscheinen lassen. Da ist die Dominanz von Mir in deines Wesens Inhalt sachgerecht erschienen und hat dich in die Ordnungen des Himmels eingesetzt in denen alle Seinsverklärten wie die Sterne ihren Glanz verbreiten. Du bist ins Wesenhafte vorgestossen und brauchst dich vor dir selber nimmermehr zu schämen.

Der Berg der Weisheit ist an Meiner Hand erstiegen wo die Lande deiner Absicht wohlgepflegt und weitverbreitet vor dir liegen. Deine Künste blühen auf zu Meinen Gunsten und erfreuen männiglich massiv mit ihrer Redlichkeit und ihrem meisterlichen Sich-an-alle-Welt-Vertun.

2.4

Klar ist dass Ich deine Kunst vermehre gut zu sein, um damit in den Gärten der Gottseligkeit bewusst und würdig anerkannt zu werden. Du hörst auf beliebig und akut in deiner Welt herumzuspintisieren und fassest dich zu dem zusammen was Ich in dir Bin als Geistverständiger, gottseliger und liebenswürdiger Gespan. Die Frage drängt sich auf: Was ändert sich denn für dein Leben, wenn du Meiner Gegenwart bewusst bist? Du bändigst deinen Eifer, hoch bedeutend und von aller Welt verehrt zu sein. Vor der Majestät der Ich-Bewusstheit göttlicher Prägnanz wird dein Menschen-Ich verschwindend klein, und minikrim auch deine lächerlich erscheinenden Ambitionen. Dein klares Wissen um die Gottpräsenz jedoch ist von geringer Dauer und alsobald versinkt das wankende Gemüt im Unbewussten wieder. Damit aber stellt das Menschen-Ich sich wie gewöhnlich an die erste Stelle und versucht sein eignes Reich und möglichste viele weitere dazu mit Schwung und Rasse zu regieren.

Dem Einen kann auf diese Weise viel, dem Anderen nur Weniges gelingen. Es entstehen Missverhältnisse und Unverstand en masse, und diese Art von Entropie herrscht von den niedersten bis zu den höchsten Sozialetagen.

Im Zustand der Erkenntnis der Präsenz des Universen-Gottes in der menschlichen Monade ist sie fähig Grandioses über sich und ihr erhabenes Bedeuten auszusagen. Das Ich Bin tritt auf und mit ihm die überragenden Gedankengänge die dem reinen Sein entspringen sowie seinem allerhöchsten Ideal. Beginnt ein Mensch voll Ehrfurcht und Rechtschaffenheit „Ich Bin" zu sich zu sagen ruft er von den Höhen in die Tiefen: „Ja, du Bist", sich selber zu und wird damit zum Zeugen seiner Wachheit ohnegleichen. Sein intimstes Rätsel ist gelöst und er verweilt beglückt im Ewig-Guten das ihm zur Stätte überirdischer Vernunft, makellosen Seinsvertrauens und beseligender Liebe ist geworden.

2.5

Hast du begriffen was Ich von dir will und mit welchem Ernst ich dir dein Schicksal und dein Soll vor die erstaunten Augen trage bist du wie verwandelt und lebst auf voll Seligkeit in Mir. Stets gewinnend schreitest du in Meinem Kontex durch die Zeiten und scheinst ungeheuere Reserven davon zu besitzen. Doch die Perioden, die Ich zur Entfaltung setzte, laufen ab und demzufolge bist du Mir aufgefordert jenen Standard, den du vor der Inkarnation für dich bestimmt hast, zu erreichen. Verfehlst du diesen, fehlt dir eine Stufe auf dem Weg zur menschengöttlichen Vollendung. Doch die Evolution wird auch mit diesem Mangel unerbittlich weitergehn.

So ist die Hierarchie des Bewusstseins aller Geisteswesen universenweit entstanden. Wo *du* stehst bestimmst du selbst, derweil Ich deine Ränge mitbestimme, in dir, mit dir und für unser allerbestes Wohl.

Meine Liebe wird dir alles Fehlende verzeihen, doch deines Wesens Angelegenheiten werden einst am Rand des Universenseins mit einem Hauch von Unlust weitergehn.

Hast du deine Lage recht begriffen wirst du nach vollendeter Erfüllung aller deiner Disziplinen streben. Deine Gangart wird noch ohne den geringsten Eigendünkel Meine Höh erreichen und du wirst dich freuderfüllt im Gotteslichte baden das Ich dir in liebevoller Zärtlichkeit verströme. Deine Sendung wird erfüllt sein bis zum letzten Gran und des Vaters Wort wird sich an dir bestätigen das da lautet: Kommt ihr Gesegneten und tretet ein ins makellose Equilibrium von allen Kräften, Gesten und Empfindungen die *sind* und die sich in der Herrlichkeit des Allerhöchsten feierlich vollenden.

2.6

Übung macht den Meister scheint selbstverständlich auch für dich zu gelten doch du zögerst, weil du wenig übst, es auch zu werden. Das „Ich erhebe dich zu deinem Lichte", ist dir noch keineswegs zum strahlenden Begriff und zur Bestimmung fürs Unendliche geworden. Dabei bist du der ewigen Wahrheit, die Ich Bin, so nah und alsobald wie du sie mit Respekt und gutem Willen, Glaubwürdigkeit und Seinselan begreifst, bist du von ihr ergriffen und du gebärdest dich vor Freude wie ein wildgewordnes Windchen das im Wirbeltanze bei Mir Einzug hält Unendliches zu geniessen.

Deiner Geisteszüge Falten werden glattgestrichen, deines Atems Virulenz befriedet sich zu einem seelenruhigen Vertauschen der Substanzen, deren eingeholte deinem Körper Leben bringen, Seinsplaisir und kräftevolle Harmonie. So viel ist Mir daran gelegen dich mit Positivitäten recht verschiedner Weise zu erfüllen, damit du dir bewusst wirst deines Gangs in Meine Tiefen und damit in eine Geistesregion die dir vor aller Weltenunrast Frieden bringt, Gelassenheit und schöpferische Energie.

Was immer du um dich verbreitest sind Gebärden reiner Gottgefälligkeit in sieggewohntem und verehrenswertem Stil. Du schreibst Geschichte höherer Art und Weise in dein Tagebuch und lässt es unverzüglich und verheissungsvoll vor aller Augen publizieren. Das Vertrauen auf die Wirkung macht dich schön und gross und adelt deinen Sinn in wunderbar gesättigtem Berufen.

Ohne Tamtam und gekünsteltem Radau bist du an Meinem Hofe salonfähig und beliebt geworden und verfällst ins Schwärmen, wenn du jedermann von deinem kühnerlangten Selbstbewusstsein in glückseligmachender Manier erzählst.

2.7

Entsagst du dem Geflitter deiner Erdentage kann Ich dich in allem Ernst zu einem seriösen, gottbegnadeten und aufgestellten Leben führen. Du siehst alles ein mit dem Ich dich begabt und trefflich ausgestattet habe in der Urform deines köstlichen Bestehns. Da ist es noch das makellose Sein von Meinem Sein das Ich von Mir abgezweigt und Meinem schauenden Empfinden dargeboten habe. Dir, dem Abgezweigten aber fügte Ich in langgedehnten, wuchtigen Äonenschritten bei was du nun in deinem einzelgängerischen Menschentum als deines Eigenwesens Form und Seele, Kraft und Eigenständigkeit bezeichnest. Das aber ist, mit Meinem Götterblick besehn, die genial gestaltete Illusion, die Ich dir einstens angemessen habe. Ich wollte Mich in dir betrachten als Inbegriff des vielgestaltigen individuellen Gegenübers.

Mein erklärtes Ziel ist es in deinem Wesen, das das Meine ist, das Bewusstsein von dir selbst als Sein vom Sein, als Mich von Mir zu etablieren. Deine Illusion wird demnach ins Erkennen deiner Selbst als menschengöttliche Monade übergehn. Ist dies Ziel erreicht so kann Ich Mir Mir selber gegenüber lächelnd gratulieren zu dem Allergrössten was im Universum je geschah: Dass sich das Eine das Ich in dir Bin im Welteneinen wiederfindet und in sagenhafter Konsequenz davon Glückseligkeit und Grazie des Himmels atmet im Bewusstsein des Unendlichen, Wahrhaftigen und Allverbindenden das dich ein für alle Mal beseelt.

2.8

Konsequent und liebevoll tagein tagaus zu Werke gehn ist der beseligenden Tugend angemessen die Ich in dein Herz gelegt. Du bist so sehr mit Mir verbunden, dass eben diese Weise beim Erfüllen deiner Lebensziele dominiert und dich zum Einssein mit Mir führt in Meines Reiches weitgedehnten Längs- und Breitengraden. Meiner Obhut anvertraut zu sein bedeutet für dich Losgelöstheit innerlich von allen traditionellen Weltbezügen die sich deinem Herzen ungemein gewichtig machen. Himmelsleichte, Allbefinden und bewundernswerte Fröhlichkeit darfst du erfahren, die dein Wesen liebevoll und unerschütterlich von Mir durchströmen.

Es ist das Manifest der Gottesliebe das dich schmückt wie man denAbgeschiednen Seelenschmuck verleiht mit schönen, gottgefälligen Reden. Wüssten doch die Hinterbliebenen wie sehr du weiterhin in ihrem Sinnkreis integriert bist und mit ihnen die Allgegenwart des Seins erlebst in vollbewussten Zügen.

Auch dir ist es vergönnt den Weg der himmlischen Gerechtigkeit voll Eifer, Selbstverständlichkeit und Wachheit zu beschreiten. Sowie das zutrifft hast du jede Hemmnis heldenhaft und dauernd überwunden und gebärdest dich in engelleicht gewordener Façon genauso wie die Seinserlösten vor Mir ihre fabelhafte Rolle spielen. Kenner bist du der subtilsten Regungen von Wohlgemutheit, Friedefertigkeit und Heiterkeit in Meines Seiens Irgendwo und Überall, der Unermesslichkeit ergeben. Es erfüllen dich die Künste, Günste und Erhabenheiten des Allherrlichen mit intensivem Nachhall so und so, dass du dich voll Entzücken mit den Worten zu Mir wendest: Gross bist du und heilig Herr der Welten, liebevollen Dankens tret Ich vor dich hin und sehe Mich von deinen Strahlen ruhevoll durchströmt und ganz von Seligkeit und Gotteslicht durchdrungen.

2.9

Abgeschiedene sind sogleich Meiner Obhut und Barmherzigkeit verschrieben die Ich ihnen noch so gern gewähre. Sie erfahren wie sie ohne jeden Unterschied in ihrem Sein von Mir begleitet sind, um sie in die Gefilde der Glückseligkeit und Gotteswürde zu erheben. Dennoch ist es unvermeidlich, dass sie sich darauf besinnen müssen was sie durch den Erdenlauf geleistet oder auch verdorben haben. Das regt sie dann zum Willen an in einem neuen Erdensein das Unbotmässige zu klären all so lange bis sie rein und gütig wie der Cherub vor Mir stehn.

So wird auch das Verhältnis zwischen dir und Mir von Kräften reiner Wohlgefälligkeit geregelt, die nur das Beste für dein Seelenheil im Sinne haben. Das bedeutet für dich anspruchsvolle Arbeit an dir selbst, bis dein Charakter nach dem allerletzten Feinschliff sich als ausgesprochen wohlgelungen präsentiert vor aller Welt und ganz besonders vor der Meinen.

Dein Stand wird immer auch der Meine sein, im Märchenland der Geistesgegenwart, in welchem alle deine Güter sich voll Inbrunst und Verbindlichkeit an Meine Innheit schmiegen. Allein in Universenweiten wärst du wie in einem Nichts verloren, vereint mit Mir jedoch erkennst du, dass dir niemals etwas Unvernünftiges geschehen kann. Alles was du so erlebst hat die Tendenz dich höhwärts, himmelwärts zu dirigieren, wenn du nur die rechten Schlüsse ziehst und dich in Meinem Sinne wesenhaft veränderst. Das trau Ich dir wie Mir seit Urgedenken zu und kann es auch voll Freude konstatieren über langgedehnte Schulungsphasen hin. Du darfst dabei von Mir den Spürsinn für Gewaltiges erwerben durch erbauliche Ideen die zwischen dir und Mir vertraulich hin und wider gehn. Die lassen dich im Lebensfeld erblühen wie der rote Mohn im Weizen, wie die Orchidee am schlanken Zweige, die das Gotteslicht und seine Schönheit dem bewussten Augen-Blick voll Lieblichkeit entgegenstrahlt.

2.10

Traditionen sind recht nützlich für dein Weiterkommen, wenn du nur die Gnade hast das Beste und Vernünftigste aus ihrem Lauf herauszuholen. So wird dann auch in dir das Gottesweltenabenteuertum auf's Trefflichste florieren und sich mit Mir zur Blüte allen Seiens stilisieren.

Sind auch viele Menschenkinder in Bezug auf gottgeweihtes Streben arg lädiert, so Bin Ich stets auf Trab um ihre Geisteswunden liebevoll zu heilen. Ob du karg durch's Leben kraxelst oder recht feudal auf deinem Herrscherthrönchen für die Welt posierst, beiden wird von Mir haarklein dieselbe Chance eingeräumt, um sich ein goldnes Geistesnäschen zu verdienen. Was nottut ist das Sich-Vertiefen in das ehrenvolle Angebot das Ich für Jung und Alt, für Faible und Versierte offenhalte in der Galerie der guten Gaben Meiner Art das Leben mit Gottseligkeit zu dekorieren.

Jederzeit kann der so viel ersehnte Durchbruch zur Erkenntnis Meiner götterlichten Dimension erfolgen. Du staunst dich selber plötzlich mit verklärtem Augenblinzeln an und entdeckst die gottbegnadeten und wirkungsvollen Kombinationen die sich aus dem herzinnigen Zusammenspielen zwischen dir und Mir ergeben. Es ist ein strahlend aufgemachtes Abenteuer das wir selbander im natürlich Menschlichen mit heldenhaftem Ansatz zu vollbringen haben. Lassen wir uns jedoch mutig darauf ein, kann der holdseligmachende Erfolg nicht fehlen. Du streunst wie ein galantes Wiesel da- und dorthin durch dein Reich und ebnest dir die Tugendpfade die geradewegs zur Seinserhabenheit und Würde des Verklärtseins führen.

Es kommt dir wahrlich sehr gelegen inniglich zu wissen, dass du *Bist* und dass viele muntre Quellen der Gottseligkeit und Lebenswonne, Heiterkeit und Seinsgewissheit dich umfliessen.

2.11

Deiner Schweigsamkeit gemäss kann Ich dich, wohlverkleidet als ein Fremdenführer, höchst persönlich durch das kuriose Leben führen. Du wünschest Winzigkeit, sieh denn, du kannst sie sogleich haben. Jedoch das Allergrösste fällt dir ebenso galant und zielgerichtet in den Schoss, sowie du seinen Reizen dich ergibst an

Meinem priesterlichen Hochaltar. In dem von Mir geweihten Raume sollst du dich auf Meine Gegenwart und Würde konzentrieren, die belehren dich in allen Sparten, welche dich dem Himmlischen und Graziösen, Liebevollen und mit Mir Vertraulichen entgegenführen. Doch die Gesetze für dein Handeln musst du dir schon selber geben. Von Meinem Ambiente aus gesehen bist du völlig frei, was dir gerade einfällt, auch zu tun. Hingegen bist du in dem Deinen sehr daran gebunden die von dir als gut befundenen Befehle kraftvoll und präzise auszuführen. Es macht wenig Sinn, wenn du der Reihe nach mit grandiosen Plänen auftrumpfst und sie dann diskret verschwinden lässest aus Bequemlichkeit und Mangel an Elan sie auszuführen.

Was Ich schon immer wollte liess Ich wie den Sand im Uhrchen punktgenau durch Meine Gottesfinger rieseln. Anders kann man Universenperspektiven nicht zu einem überragend dargestellten Ende führen. Da kannst du dir ein Beispiel nehmen für die Führung deines eignen, minikrimen Haushalts durch ein ebensolches Leben, das sich für Meine kosmisch dargestellten Griffe wie ein Kometenblitzchen präsentiert.

Zu deinem Glücke findest du in Meiner Allpräsenz das wunderbar gesellige Erbarmen das deine Nichtigkeit ins Unermessliche erhöht und Mir zu eigen macht in einem wunderbaren Liebesreigen. Das rettet dich aus Selbstsucht und Verderben und fügt dich in Mein Kosmosmosaik als glänzenden Beweis von Meinen Fähigkeiten. Doch musst du willig sein und auch dein Scherfchen zum Altare Gottes tragen, damit das Grosse gross wird und die reine Seligkeit und Himmelheiterkeit, Erhabenheit und Dankbarkeit erglänzt auf deinen Frühlingszügen.

2.12

Erhöhung ins Unendliche ist dir beschieden alsogleich wie du erwachst aus deinen Träumen und vollends dich selber bist statt ungezählten andern Ichen anzuhangen. Nach wie vor ist es für dich recht anspruchsvoll fremde Herrschaft zu erkennen und dann konsequenterweise abzuschütteln, so wie sich das Pudelchen gekonnt vom Wasserbad befreit. Ungebetenen Gästen kann nur mit pfiffigem, hellwachem Sinn begegnet werden, welcher dir gestattet adäquat zu reagieren und dem Unbedarften den Garaus zu machen.

Ich erlaube dir gar vieles, doch das Eine nicht: Schlecht von Mir zu reden, denn was tust du anderes, wenn du die Menschen kritisierst, derweil Ich doch in ihnen dominant und unparteiisch residiere. Falsch gesetzte Worte können viel verderben, deshalb rat Ich dir im Zweifelsfall diskret zu schweigen damit aus deiner flatterhaften Rede kein Verdruss entsteht.

Was das Geistige betrifft durchwanderst du ein Berggebiet in welchem du dich leicht verirren kannst und wo erhebliche Gefahr besteht auf Nimmerwiedersehen abzustürzen. Da ist es sehr vernünftig und geraten dich mit einem kundigen Führer zu versehn. Willst du es mit Mir versuchen, frag Ich lächelnd bittend an? Ich kenne deine Flausen und weiss um viele Weglein die dich sicher durch die Geisteslande führen. Das wird dann zu einem feierlichen Fest gedeihen, wenn du sicher in der langersehnten Heimat angekommen bist, wo dich die besten Freunde lange Zeit erwartet haben. Der Freund der Freunde aber kann nur Ich sein, welcher dir ein sagenhaftes Schicksal auferlegte, um dir damit Anstand, Reinheit der Gedanken und verständnisvolle Weltenliebe beizubringen. So gesehen ist es leicht für dich die rechte Wahl zu treffen um dich darauf voll Wonne und Entzücken in Meinen ewigen Liebesgärten zu ergehn.

2.13

„Gross bist du und heilig", sind auch heute noch die Menschen aufgerufen, Mir ein Loblied darzubringen. Wem gehört die Kühnheit und Erhabenheit der grünenden Natur? Ist sie nicht allein Mein Werk, wer anders als Ich kann sich ihrer rühmen? Es breiten sich, es weiten sich die Höhen, Hausungen und Niederlassungen von Feld zu Feld, von Bastion zu Bastion und von einer Stadt zur anderen in unaufhörlichem Vermehren. Wie die Bakterien in der Petrischale nimmt der Mensch, sich rabiat behauptend, Besitz vom vor Mir hingebreiteten Planeten und verkündet stolz: Mein ist die Welt, durch Fleiss und Schweiss, durch Mist und List, durch Tausch und Fauch und strenge Waffengänge hab Ich sie für Mich erworben.

Streitig mach Ich sie dir nicht. Doch ist Besitztum nach wie vor ein rührendes Geschichtlein das du Mir erzählst, so wie die Kindlein Verse plappern und in rosafarbenen Pantöffelchen die Tischbeinwelt umkriechen. Sie wachsen und erweitern ihren Horizont und chatten wie die Wilden cheap und billig über Kontinente hin und sind doch, Hand aufs Herz, dieselben drolligen Schreihälse geblieben.

Wenn sie doch wüssten, wie Ich ihren Weg beschreibe und sie bald hier- bald dorthin treibe, derweil sie willens sind, grandios und reich, fett und mächtig, zölibatisch, fromm, religiös und naseweis zu werden. Ob all dem genialen Tun, das unversehns in blutigen Gemetzeln endet, fängt der Sinn zu kränkeln an, nicht Meiner sondern deiner, denn *Ich* weiss wie Ich die Weltendinge angelegt und angezettelt habe. Vor Mir schreitet Generation um Generation, Epoche um Epoche majestätisch und gekonnt voran, um das Evolutionenziel als Sinn vom Sinn, als Sein vom Sein und Seligsein vom Seligsein in unverbrüchlicher Geduld und Güte, Seinsgelassenheit und ewiger Heiterkeit am Millionenende doch noch zu erreichen.

2.14

Die Lehre von den Münzen und den vollgepfropften wie den leergeküssten Kassen stammt von jenen ab, die sich dem Mammon delikaterweis verschrieben haben. Du sollst dich ihm nicht kurzerhand entziehn, doch musst du lernen mit ihm locker, spielerisch und edel umzugehen, so als wenn er dir gar nicht gehörte. Das nenne Ich dann Generosität und Nächstenliebe dergestalt, als ob die Menschen allesamt zum selben einzigartigen und hochsensiblen Wesen mit dem Namen „Gottheit auf dem Menschenpfad" gehörten.

Das sei nun deine Mission: Für Nachschub an Erkenntnis deiner Selbst als Gottessohn zu sorgen, der sich mit dem Vater unverbrüchlich durch das Geistesblut verbunden fühlt. Du hast zu ernten, was ich ausgesät, um es in Meine Scheunen einzubringen still und heiter, lobenswert und genial.

Ich habe dir Substanz und Willen mitten auf den Lebensweg gegeben, um das was auf dich zukommt ohne Federlesens zu verkraften und ihm, wenn es gegeben ist, auch sogleich den Garaus zu machen. Du bist ihrer noch zu wenig fündig und versiert geworden, sonst ständest du vor Meinem Angesicht als Hero der Gerechtigkeit und Gottesminne, dem ich ungesäumt und tunlich für sein Engagement von Herzen gratulieren kann. Eine Weihe ohnegleichen ist es, unter Meinem Schutz und Gleichnis, Hilfsgelöbnis und Verdikt zu stehn. Es muss für dich zum Ziel des Lebens werden, Mir gegenüber ganz gehorsam, wissend, ungeniert und integriert zu werden. Das macht dich tapfer, löwenstark, dir selbst bewusst und ewig heiter im Unendlichen, das dir endlich zum gottseligsten Begriff geworden.

2.15

Silberfüchse schleichen sich im Mondlicht lautlos und gekonnt dahin wo sie Futter wittern für ihr räuberisches Tun. So etwas ist für dich beileibe nicht gegeben. Für deine Liebestaten bringe Ich die Sonne mit ins Spiel, damit sich jeder daran freuen kann, der mit offenem Visier und hoffnungsvollen Augen durch Mein

Lebensland flaniert. Du lichtest ab, Ich lichte alles auf was sich in Mein Berufen und Bewahren stellt aus mannigfachen Gründen. Deiner sei ein Hohelied auf alles was Ich für das Weltenall vollbracht, in Meiner Inbrunst etwas unerhört Gediegenes Mir adäquates zu kreieren.

Die Wesen die sich zu Mir wenden lass Ich nimmer los mit Meinem Willen, Mich aufs Zierlichste und Zärtlichste an alle Heilkraft-Dürftigen zu verströmen. Alle Lebensfrüchte hangen an dem kapitalen Einfluss den Ich ihrem Sein voll Liebe und Gelassenheit gewähre. Besonders in den innern Regionen Bin Ich der sensibler werdenden Geschöpfe simultanes Wohl. Sie ahnen, dass sich hinter aller Helle eine sagenhafte Kraft verborgen hält, die segnend und begütigend, befruchtend und bewahrend aller Welten Sein durchzieht, um es von Stuf zu Stufe ins Elysische zu heben.

Bist du ob der Fülle Meines Sonnenstrahlens allweit ganz von Sinnen, kann Ich dich in eine Seelenlandschaft von bezaubernden Tournüren führen, die auch dich mit Friedenswerten und Vergünstigungen jeder Art und Weise tiefgefasst verwöhnen. Ich lasse dich die Schönheit der allgöttlichen Substanz herzinnig spüren und Bin hocherfreut darüber, wie du mit ihr umgehst liebevoll und würdig, fürstlich und final.

Das Gute hat sich in dir obenaufgeschwungen und noch viel Besseres gewähr Ich dir, indem Ich dich an Meine Rosenseite hebe wo du den Schutz und das Erhabensein des Allerhöchsten frei heraus geniessest, um es dann an alle suchenden und feingestimmten, tapferen und liebenswürdigen Gemüter hoffnungsvoll und liebelächelnd weiter zu vergeben.

2.16

Ich ziehe alles was da *ist* voll Sehnsucht, Grazie und Liebenswürdigkeit zu Mir heran um seine Wesenstiefe mit dem Zauber der Gottseligkeit und Mutterliebe zu beglücken. Nicht vergebens sollst du aus dem Vaterhaus gewandert sein Unendlichkeiten zu entdecken, denn sie sind von Mir ein hehres Zeichen der Gewandtheit und Regie, an dem Ich Mich mit deinen Augen wunderbarerweis erbauen und bestätigen kann. Ich schenk dir ein, auf alle Arten tätiger Bravour, um deines Wesens Glorie mit Meiner Innigkeit bekannt zu machen und um ihm den Duktus eines weisen Gottesfreundes zu verleihen. Mit winzigen Häppchen fang Ich schon in deinem Säuglingsalter an, indem Ich Mich mit Muttersorglichkeit und Liebe über dein bezaubernd Lächeln beuge. In der Jugendzeit bereite Ich dir alle Freuden intensiven Lernens und die Zeit-Vertrödelns, derweil die Meinen in des Zuschauns Faszination und Wachsamkeit bestehn. Du richtest dich mit veritabler Selbstverständlichkeit im weitern Leben ein um Wesenstüchtigkeit und Gottesminne zu erzielen. Im Alter schaust du, wenn du klug geworden bist, schon interessiert in Meinen Geistesraum hinüber und erlebst die Faszination des Wachseins im allherrlichem Begründen das das Meine ist in Glanz und Glorie wie in der Seinserhabenheit allweiter wunderbar elysischer Dimensionen.

Deine Lebensalter sind dezent an Meines Willens Gängelband und Grazie verloren und offenbaren sich dem Seherblick in traulich aufgeblühter Seelenharmonie. Vollkommen einig mit dem Sein sollst auch du werden und wirst dich rühmen dürfen Weltengeist vom Weltengeist zu sein und dabei wunderbarerweise der Gottseligkeit anheimzufallen.

2.17

Plausibel ist dir nur das was du erkannt hast als der Gottheit Manifest im liebevollem Innewohnen. Du gewinnst damit die Übersicht in Sachen Sein und dich als ein von Gott gegebnes Präjudiz gehörig zu benehmen. Gefügige sind rar und selbst die Raren haben alle Mühe sich das Göttliche gebührend vorzustellen, formlos, zeitlos, urkraftstrotzend und über alle Massen hocherhaben.

Das Gewinnende an Mir ist Meine Fähigkeit, das Neue bis ins Detail folgerichtig und gekonnt zu definieren bis Ich es entzückend vor mir ausgebreitet seh. Dann geht es an ein Kritisieren, Kombinieren, Vinkulieren und Begreifen ohnegleichen, bis im Einzelnen Vollkommenheit erreicht ist und im Ganzen noch viel mehr. Auf diese Weise bist auch du entstanden in gedanklicher Bravour und mit der genialen und erhabenen Voraussicht von Äonen. In diesem schöpferischen Manifest sind du und Ich auch jetzt noch mittendrin und dürfen vor der Dauer und der Mühsal des Gestaltens nimmermehr verzagen. Mit dem Blick auf Ewigkeiten sind auch tiefe Täler zu begehn, doch die Aussicht auf Erfolg der angefachten Unternehmen lässt uns bei der Strippe bleiben, um Erfahrung auf Erfahrung zu summieren und bis ins Unendliche hinaufzustemmen. Ich lasse, was Ich so erhalte, nimmer los und demgemäss kannst du, oh Mensch, gewiss sein, dass Ich dich nach Meines Seinsgewissens Vorbild bis zum gloriosen Ende stilisiere.

Einmal wirst auch du begreifen welch bedeutungsvollem Werk und Willen du in vollem Umfang zugehörst. Dann glitzern deine Äuglein vor Begeisterung an dem was wird, und alle Leidenstage sind auf Nimmerwiedersehen hinter dir entschwunden. Vor dir aber liegt unendliches Begreifen und Behagen, liegen die Momente des dich Selbst-Erlebens von denen dir der Lieblichste davon als Schöpferwille und Elan entgegenstrahlt. Du Bist in das was Ich dir Bin vollends versunken und gebärdest und empfindest dich als in die göttliche Glückseligkeit und Würde, Innigkeit und in ihr Wohlgewissen eingegangen.

2.18

Bei Mir liegt das Konstante, derweil du dich in unduldsamen Quereleien zerfaserst und verpuffst, dass es eine Schande ist dies mit den Augen der Vernunft mitanzusehn. Machst du dich nicht riesengross so bleibst du eben zimperlich, und entfaltest du kein Selbstvertrauen so kann Ich dir nicht helfen in der Seelennot. Basta, hör Ich eine Stimme sagen und - sogar der Unmut trägt dich stufenweis zu Mir empor, bis dir die schönsten Meiner Sterne lichterloh und liebreich glänzen.

Dein Geschick besteht darin, dich stets herauszureden, wenn es darum geht ins Wirkliche und Wesenhafte vorzustossen, das Ich Bin, und dem du unbedingt ein Kränzchen winden solltest, um es wenigstens gebührend und markant zu ehren. Äusserlich gesehn Bin Ich mitnichten auf dich angewiesen, doch in dem Mass wie Ich dich selber Bin ist es ganz natürlich, dir das Allerbeste nur zu wünschen. Da es ständig bei dir kriselt hab Ich alle Hände voll zu tun um die Verstimmtheit auszugleichen und dafür zu sorgen, dass die Bürger zweier Welten auch in beiden heimisch sind mit offensichtlichem Behagen.

Die Würfel sind bei Mir schon längst gefallen zugunsten einer Weltpolitik, die verzeiht und heilt und unablässig fördert und erhebt. Dabei ist zu sagen, dass du Mir im Wesentlichen bis zum Gehtnichtmehr verwandt bist ohne noch das Wissen darum glückgebärend intus und erkannt zu haben. Deine Manifeste sind ein Jammerbild, verglichen mit den Meinen, die zu einem Nimbus von Gerissenheit, Beherztheit und erschaffender Manie geworden sind für alle die das Lichte und Wahrhaftige zu schauen und zu schätzen wissen.

Alle Meine Rechte sind erst dann vollends zur Wirklichkeit gediehen, wenn es auch die Deinen sind und dies begründet, weshalb Ich so innig an dir hange und bestrebt bin deinem Wesen Heil und Heiligung,

Versöhnung mit dem Sein und himmlische Gerechtigkeit in Fülle darzureichen.

2.19

So viele Wünsche sind dir in den Kopf gestiegen, dass du darob den Wesentlichsten und Erhabensten vergissest nämlich: Mich zu suchen und zu finden in des Lebens Sinngedicht und aberwilliger Poesie. Du schwimmst in deinen hoch brisanten und verwinkelten Affären und tätest gut daran als Dominante Meine noch dazuzulegen in des Lebens tückischer Alltäglichkeit und Seinsmagie. Es mag dich wundern, dass Ich diesem Punkt so viel Bedeutung abgewinne, doch geht die Rechnung ohne Mich nicht auf in deinem Kuriositätenladen. Du hetzest dich von Tag zu Tag durch deine penetranten und besitzergreifenden Notwendigkeiten. So haspelst du, dir selber kaum bewusst, des Lebens Länge ab und verlierst dich dabei immer mehr in ihm.

Da bringe Ich dir bei, dir selber gegenüber die gebührende Distanz zu halten, die dich fähig macht dein Metier als Überschauender und Balancierter zu verrichten. Du brauchst nur Meinen Einfluss wahrzunehmen, um ihn willig zuzulassen und damit Seelensicherheit von unschätzbarem Wert und veritabler Gottesweisheit zu gewinnen. Das klärt dich innig auf und offenbart dir deines Lebens nobelste, finalste und beglückendste Bestimmung nämlich: In der Herzenstrautheit Mich zu sein mit den damit verbundenen Vergünstigungen und bewundernswürdigen Positionen.

In der Geschichte deines Seins und Lebens wird damit ein neues faszinierendes Kapitel aufgeschlagen. Du erkennst dich als des Weltenschöpfers Ziehsohn und intim Vertrauter, dem sich niemand traut auch nur ein Haar zu krümmen, weil er's sonst mit Mir zu tun bekommt in seinen fehlgelaufnen Dispositionen. Meiner Herrschaft kann beileibe nichts hinzugefügt oder weggestrichen werden. Was Ich Bin und was du durch Mich

Bist hat ewigen Bestand und leuchtet jedem ein der sich in Meinem Reich und Wohllaut, Seinsgemach und Allraum eingefunden.

3

Sensibler Seelenfrieden

3.1

Wer sich selbst in Meinem Namen wohl behütet, hat den Vogel abgeschossen in Bezug auf weises Disponieren und bekömmlich aufgemachten Lebensstil. Das vordem so Schroffe wird allmählich licht und morgenschön und steigert sich zu einem Sein von blühender Wahrhaftigkeit und unerhört sensiblem Seelenfrieden. Du siehst dich zu den Himmlischen gesellt die überaus beglückende und heitere Gedankenfolgen in sich tragen. Hier wird die Weisheit des Allhöchsten sorgsam und ereignisvoll gepflegt und alle Seligen und Reines-Sein-Gewordenen sind inniglich berührt von den Erfolgen die die von Mir beförderten Gemüter zeitigen.

Das Seinsreale, das sich hier in Windeseile -wie ein Flächenbrand- verbreitet, soll auch dich betreffen in der Anmut unbeschwerter Tage die von Meinem Sinn und Geist durchwoben sind. Du auferstehst vom aschenbrödlerischen Erbsenzählen zum bewundernswerten Dasein, das Prinzessinnen und Lebensprinzen frohgemut von Mir gewährt wird in verschwenderischen Freudentagen.

Wenn du je von etwas schwelgtest muss es dies gewesen sein, dass du in sagenhafter Unbeschwertheit und Glückseligkeit im ewigen Jetzt verweilen durftest ohne je ein Mehr von irgendetwas zu erfragen. Von Meiner Güte Strahl besonnt wird dir dies so utopisch Scheinende im Nu gewährt, weil Ich noch jede echte Hoffnung und Entschiedenheit mit himmlischem Erfolg belohne. Du brauchst nur dein Bewusstsein auszustauben und mit neuem götterlichtem Inhalt aufzufüllen und schon siehst du dich in eine Welt versetzt von Anstand, Perfektion und seelenvollem Seinsgenügen. Du siehst dich in der blühenden Natur in einem Paradiesesgarten der mit vielen Wundern reiner Schönheit ausgestattet ist die dich auf's Lieblichste entzücken. Ich führ' es vor und du bist von Mir dazu ausersehn es nachzuleben engelleicht und wunderbar.

3.2

Ungezählte feiern Aufbruch und Genesen, wenn sie im Innern Mich am Strahlenwerke sehn. Es ist die Sonne ein verschwenderisches Lichtsymbol für das was Ich in deine Seele trage, wenn du glaubst und Meinen Spuren folgst in himmlische Gefilde und Gelegenheiten wahrhaft liebevoll und redlich, hilfreich und voll Grazie zu sein der Welt und allen Wesen gegenüber. Dabei kannst du auf Meine integrale Hilfe so gewiss und sicher zählen wie die völlig unbescholtnen Kindchen auf den Beistand ihrer Eltern zählen können. Nicht von Meiner Haltung, aber von der Deinen hängt es ab ob zwischen dir und Mir Behutsamkeit und Himmelsgrazie entstehn. Schöpfst du Vertrauen in das Mass der Lebensdinge die dich mild und resolut, fordernd und final umgeben, lässest du den Strom der Liebenswürdigkeit von Meiner Seite zu der Deinen ungehindert fliessen. Deine Lebensdinge glätten sich in wunderbar beseligender Weise zur Bekömmlichkeit hinan, derweil du sie mit neugeschärftem Blick betrachtest und in ihnen wahren Fortschritt in der Geisteshaltung und Genügsamkeit gewahrst.

Das Wunderbare ist das Aufblühn deines pitoyablen Lebensbilds zu einer Fürstlichkeit und Effizienz die ihresgleichen suchen. Du Bist und was du darstellst ist nichts weniger als Meines Gotteswesens Schicklichkeit und Dominanz in besten Treuen und ergreifendem Format. Aus dem zimperlichen Klempner seiner Eigenheiten ist ein majestätischer Gefährte Meiner Obedienz geworden, des strahlendes Gesicht Mein Wort und Sein verkündet als bewusst erlebt und als glorioses Beispiel vor die Menschenwelt getragen.

3.3

Was du von Mir erwartest wird mit absoluter Gründlichkeit getan, umgemünzt in eine seelenvolle Edukation von Meinem Sinn und Meinen götterlichten Gnaden. Mein Einfluss auf dein Wesen ist enorm, weil Ich es als

Bestandteil Meines Seins betrachte und ihm deshalb alle Ehre, Gradheit, Herzensgüte und gottselige Grazie angedeihen lassen will genauso wie sie Mir zu eigen. Ist dir dieses Phänomen und Markenzeichen erst einmal so recht bewusst geworden, kann es gar nicht anders sein als dass du Meine Nähe suchst um Mir Referenz, Standhaftigkeit und Liebe zu erweisen.

Deiner guten Absicht jedoch folgt nur allzu selten die beherzte Tat, derweil dein Köpfchen all so vielen andern Dingen und Gepflogenheiten, Machbarkeiten und Belustigungen nachhängt die ihm die Musse zum Erhabensein geschickt entwenden.

Deine Seele aber will sich nicht auf diese Weise kujonieren lassen. Sie gibt dir ihren Unmut über so viel Ignoranz und Unbedachtheit unbedingt zu spüren. Nie ist es zu spät für dich um eine kapitale Wende einzuleiten in des Lebens Kostbarkeit und Ziel. Meine Regel dazu lautet: Geh in dir statt ausser dir spazieren und erhebe das herzinnige In-dir-Verweilen zur beglückenden Priorität in deinem vielversponnenen Gehaben. Dabei werden deine Züge sanfter und bescheidener Mir gegenüber, der Ich alles Bin was *ist* und dem du eingefügt bist wie der Honig in die Waben. Du hast dich stets darum zu kümmern, dass er süss statt bitter schmecke, wenn Ich im Vorübergang sein Sein erprobe. Das wird Mir dann zur intensiven Freude ebenso wie dir gereichen, wenn die Lebenszeichen auf Erfüllung stehn und Ich deine Wimpel nach dem Gotteswinde flattern seh.

Wie immer geht es um die Kunst im reinen Sein zu leben ohne jeden Anspruch als den einen, Meinen Willen zu erfüllen um darin dein wahres Glück und deine himmelweite Seligkeit zu finden.

3.4

Kommst du zu dir kommst du im selben Zuge auch zu Mir, weil Ich voll Grazie und Wohlverstand in dir versammelt bin vom ersten Tage bis zur Fülle deiner Fürstenzeiten. In der Stille reinen Schweigens trag Ich dir Gestilltheit an von allen deinen Seelennöten und überwalle dich mit der Beglückung lichter Himmelszonen. Was dir geweiht ist muss dich früher oder später auch erreichen um dein ganzes Wesen mit der Geistheit zu bereichern die dich erst zum wahren Gottesmenschen stilisiert. Jede Absicht Meinerseits muss akkurat in dir ihr strahlendes Vollenden finden, jede Meiner Gesten menschenwürdiger Natur ist auf dich gemünzt damit du immer intensiver an dir selbst Gefallen findest und Ich geradeso an Mir.

Scheint auch das Kämpferische, Fordernde die Läufte deines Lebens ständig zu bestimmen, so wird es ohne Zweifel von dem sonnenhellen Aufgang der Glückseligkeit im Herrn begleitet, die dich reichlich für die Müh entschädigt in des Lebens Ungewissheit und Allotria.

Hältst du dir gebührend oft vor Augen, dass ein Göttliches sich um dich kümmert und dir ohne jede Gegenleistung allen Reichtum, den du in dir konstatierst, zu Füssen legt, so könntest du schon einmal leise dafür danken im verschwiegenen Gedankenkämmerlein. Die Dankbarkeit für alles was du dir geworden bist ist nämlich einer der empfehlenswertesten und wunderbarsten Wege um direkt zu Mir zu kommen in des Herzens Brauchtum und Gewähr. Es macht dich frei Mir freien Sinnens auf's Intimste anzuhangen in des Daseins messerscharfer Diktion und blütenreiner Poesie im Vollzug der variantenreichen Lebenslagen deiner Wahl. Ich selber habe nicht zu wählen weil Ich Mich in Bezug auf Mein allmenschliches Erscheinen schon vor Äonen felsenfest und liebevoll für dich entschieden habe. Dass Ich dich liebe sei das Pfand in deines Herzens Gral für deine Evolution ins Gottesreich und damit ins Elysische, Glückselige von Meiner Art und Meinen Myriaden Strahlensonnen.

3.5

Erkleckliches wird Meinerseits von dir verlangt ein Lebelang und dann darüber weit hinaus in Meinen hoheitsvollen Geistesregionen. Daraufhin darfst auch du Gewaltiges von Mir erwarten in der Dauer deines Seins, die Ewiges verheisst und auch gewährt auf dein allmenschliches Verlangen.

3.6

Das Fabelhafte feiert sich wie eh und je in den vollends auf es gemünzten Seelen, um sich selber ebenso wie sie tiefinnig zu entzücken und sie zu Mir zu leiten in des Weltendaseins superprovisorischem Befinden. Wie du von Mir wissen solltest währt auf ewig was Ich in dir Bin und gewährt auch dir damit Unsterblichkeit des Wesens in der immerwährenden Vereinigung mit Mir. Mit dieser Offenbarung ersten Ranges ist das Rätsel um dein Menschensein auf's Eleganteste gelöst und du darfst fürderhin die Zeit im Atem der Gottseligkeit verbringen.

Nichts ist Mir im Argen ob dem Auftritt den Ich dir freien Sinns voll Grazie gewähre. Du Bist und feierst Urständ im gottseligen Gehaben das dir wie die Perlenschnur gelassen durch die Finger gleitet. Das Übersinnliche, Elysische und Himmeltweite dominiert in deines Herzens Wohllaut und glückseligem Empfinden und verstrahlt sich in die Universenweiten, Meinem Vorbild tüchtig zu genügen.

Was hat es nun auf sich, dass einer und dann alle so bevorzugt sind in ihrem Sinngehalt und göttlichen Gehaben? Weil das Eine, das Ich Bin, sich nimmer von sich selber scheiden kann, sowohl im Willen und Empfinden wie in der willig ausgesetzten Tat. Hast du dir diese Weisheit unmissverständlich ins Gemüt geschrieben, kann dir nach Adam Riese nichts Verheerendes mehr widerfahren. Du Bist und damit hat es sein Bewenden durch Jahrtausende glückseligen Gewahrens deiner selbst in ihm als im Bewusstsein ewiger, olympischer Natürlichkeit und liebevoller Harmonie.

3.7

Ich schlage eine blanke Seite vor Mir auf und im Nu ist sie mit trefflichen Gedanken vollgeschrieben die sich fortan dauernd in die Taten drängen. Was brauchst du mehr zu wissen als dies blendende Geheimnis um dir zu erklären weshalb eines Universums Sagenhaftigkeit, Bewusstheit und Beweglichkeit besteht von Meinen Gnaden und Erwägungen gottseligen Gewissens. Der Nimmermüde Bin Ich, wenn es um das Zisellieren eines Kunstwerks geht im menschheitlichen Sinn das sich über Myriaden hinzieht, bis sich endlich die Konturen zeigen einer gottgefälligen Rendite aus Bewusstsein, absoluter Redlichkeit und gottgefälligem Genie. Du bist schon längstens auf dem Pfad gewesen der Erfüllung Meines Willens in Bezug auf sagenhafte Ideale, deren ungezählte sind die sich beständig zu noch höherer Vollendung stilisieren.

Am Ende präsentiert die Evolution sich als ein Wachsen Meinerseits wie Deinerseits bis ins Unendliche noch unbekannter Sphären, denen wir mit voller Vehemenz und Tüchtigkeit, Erfahrung und Beharrlichkeit entgegenwachsen. Was dich betrifft ist es in Meiner Seinsphilosophie schon ausgemacht, dass du mit Meinem Helfertum stets näher an Mein Göttersein heranrückst, bis es sich in überglücklicher Manier in eins vermählt mit dem was Ich Mir schon geworden bin im Strom der Millionen.

Ich aber sehe Mich in Meinen Läuften wie die myriaden Sterne, Galaxien, Geistesströme und Veduten der Allherrlichkeit für immer ungebremst von dannen schwingen. So habe Ich Mich angelegt und so vewandelt sich Mein Universensinnen immer neuen Formen zu, derweil Mein Sein in allbewusster Fülle wesenhaft, glückselig und von keinem Weltentand berührt dem In-sich-selber-selig-Weilen sich ergibt in heiliger Behutsamkeit und unvergleichlichem In-seinem-Wert-und-seinem-Wonnesein-Beruhn.

3.8

Dein Trippeln wird im Lauf der Legionen und Verwirklichungen zum zügigen und permanenten Schreiten in den Stapfen Meines Götterwohls, dem nichts hinzuzufügen ist in seiner seinsbrillanten Art zu glänzen wie die Sterne die am Firmamente allgemach und glücklich hin und wieder gehn. Es salutieren dir die Geistheroen Achtung und Vertraulichkeit entgegen, wenn du dich ihrem Blickfeld präsentierst, wenn deine Lage ständig sich verbessert und du auf immer feinere Erfordernisse angemessen und verbindlich reagierst. Ich Bin erbaut ob deinem Können seinsgewisser Art, die Meine ist, in allerhoben Bezügen und die die gloriose Seinsgerechtigkeit verstrahlt, deren sich die Himmel rühmen und ob deren Weisheit die subtilen Geister Gottes Seinstriumphe feiern allerglücklichsten Gewahrens.

Was Edelmut geboren kann der Herr der Welten nun als Gottgefälligkeit und liebevolle Feinheit an sich ernten, die ihm deinerseits kredenzt wird in der reizenden Gewissheit, dass es angenommen wird von höchster Warte und vom zartesten Empfinden. Hier oben herrscht ein Umgangston von feingefühlter Redlichkeit und Offenheit wie sie die Göttlichen im wonnevollen Umgang miteinander pflegen. In den Kreisen dieses wohlgemuten Waltens wirst du feierlich empfangen werden wenn die Gottesgeister dich als reif erachten für den Eintritt in die seinserhabnen Sphären, die Vollendung atmen, mustergültige Geruhsamkeit und Herzenseinfalt, weitgedehnte Daseinsfreude und enorm gesicherten und allgemein erlebten Frieden.

3.9

In Mir und aus Meinem Umgang resultiert für dich Gewissheit von der Würde allen Lebens und besonders auch von deinem Angenommensein an Meinem götterlichten Hofe. Du bist wie einer dem in Sachen göttlicher Entschiedenheit durchschlagender Erfolg beschieden ist, an dem du dich erfreuen und erbauen darfst nach wohlgesetzten Noten. Es sind für dich enorme Prüfungen, Belastungen und Marschbefehle vorgesehen, die du auf Biegen und Brechen zu bestehen hast und die auch Meinen Schutz und Meine Hilfe abverlangen. Doch lassen sie dich stärker und gewandter, fröhlicher und siebenseliger zurück als du es vordem warst in deinem Dich-Verwundern. Viele Lebensdinge mögen noch wie ein Komplott von Fragen und Belästigungen ihren Unfug mit dir treiben, doch du trittst in aller Ruhe und Gelassenheit vor diesen an und lässt dich nicht im mindesten von ihnen schickanieren.

Solang du Mich hast haben andere kein Brot an dir und ihre Taschen bleiben leer trotz heftigen Attacken gegen deine wie auch Meine Ehre in des Lebens Wachheit und salubrem Stil. Ich giesse reines Geisteswasser in die Schaufeln deiner Mühlen und belebe ihren Lauf mit der Gewandtheit, Unerbittlichkeit und Geisteskraft aus Meinen immervollen Schalen.

Das Zierliche und Ziselierte göttlicher Vernunft lass Ich vor deinem hoffenden Gemüt erscheinen und erfreue dich mit Köstlichkeiten der Natur von Tag zu Tag auf deiner Wanderschaft zu Mir und Meinen Seinsgediegenheiten. „Erhebet eure Herzen", ruf Ich den Vielbedrängten zu, und sie beeilen sich mit fürstlicher Entschiedenheit „wir haben sie beim Hern" zu respondieren.

3.10

Vertrauen und Verbindungen von höherer Art und Weise sind für dich vonnöten, um die vielen Prüfungen im Lebenslauf mit Energie und Anmut zu bestehn. Du sonderst dich von denen die mit ihrem Kapital Allotria treiben und schwingst dich auf in fabelhafte Höhen der Begeisterung am produktiven Tun die dich das wahre Antlitz allen Seins und aller Gottgeschicklichkeit erkennen lassen. Hast du schon einmal nachgedacht darüber, welche Konsequenzen deines Handelns Akribie und typische Verwegenheit verursacht für das Weltensein in dem du dich bewegst? Was *ist* setzt sich zusammen aus der Summe aller Einzeltaten und eben dazu muss auch deines Tuns Rendite oder sträfliche Verwerflichkeit gehören. Daraus folgt die simple Überlegung für Herrn Jedermann: Willst du die Welt verändern, ändere gerade dich in deinem Habitus und selbstbezogenen Benehmen. Jede Flocke ist vonnöten für den vielgeformten Schnee. Und so kann auch der der Ich Bin im Hinblick auf das Weltenepos auf dein tadelloses Mittun nicht verzichten.

Du machst Mir etwas vor, doch musst du wissen, dass Ich zur selben Zeit Unendliches zu leisten habe. Was kann da Besseres geschehn als dass Ich das Zuoberste geflissentlich mit dem Zuuntersten zu einem Einssein ohnegleichen dirigiere, das Ich Bin und das mit seinen Schöpferkräften gar nichts anderes als Reüssieren kann zu einer wunderbaren Ausgewogenheit der Sphären. In Meiner Absolutheit liegt wie eh und je der Sinn und die Glückseligkeit des Seins verborgen, deren Zeuge du dir sein sollst in der Vollbewusstheit die Ich dir nach deinem wie nach Meinem Mass verleihe. Dem Verfügen folgt das Seinsgenügen, dem Genügen die Holdseligkeit des Weilens in der Welt des veritablen und gebieterischen Sternenstrahlens.

3.11

Horch auf was Ich dir im Innersten voll Güte und Beredsamkeit besage: Du bist Mein Eigen ohne jeden Abstrich und mit der Verfügbarkeit der sakrosankten Himmelssphären. Der Bogen der Geschichte ist von dir wie Mir selbander hochgezogen und kann sich nirgends als in der Unendlichkeit des Seins vollenden. Diese aber ist an sich die Wonne des bewussten Existierens und die Labsal der Beständigkeit ad ultimo in Wahrheit, Güte und Gelassenheit im Lichte des Verklärens.

Kein Vergleich vermag dir auch nur einen Schimmer von der Wohlgeordnetheit und immerwährenden Bereitschaft zum Vergeben, die hier herrschen, statuieren. Ich trage Meinen Bürgen für Verbundenheit und solidarisches Verhalten stets das warme, kongeniale Du an, um die Brisanz der laufenden Gespräche zu entschärfen und um eine Atmosphäre der sublimen Offenheit und Freundesliebe zu kreieren. Alles wird bedeutender, derweil Ich kräftig auf den Friedensbeutel schlage.

Im Netzwerk Meines Unterweisens lässt sich wahrlich gut und lustig leben. Eingängig sind die Sätze des Belehrens, und Erfolge höherer Ordnung wirst du massenweis erzielen, wenn du ihnen nachlebst eifrig und vital.

Es gilt dabei gezielt und sicher deinem Seinsgefühl Unendliches und wahrhaft Zukunftträchtiges hinzuzulegen. Noch immer ist es eine ausgemachte Sache, dass die Erlösung dir von Meiner Seite zukommt, weil nur Meine Elementenkräfte stark genug sind um in deines Geistes Wirrwarr Ordnung und Zufriedenheit zu schaffen. Lässest du dich mit Mir ein, so darfst du bald die Süsse wahren Lebens und Gedeihens liebevoll an dir erfahren. Du schwenkst ein auf Meine gottgesegneten und wohlgefälligen Spuren und fällst dem reinen Sein in liebevolle Arme die es dir entgegenhält zum Trost, zur

Freude und zur freundlichen Barmherzigkeit in allen deinen Menschlichkeiten.

3.12

Sowie du dich voll Seele zu Mir wendest geht das Heil und Heilige direkt an deiner Seite liebevoll spazieren. Du fühlst dich leicht und luftig wie die lichten Sommerwölkchen die geruhsam durch den sonnenhellen Äther schweben. Alles in dir stimmt, wenn Ich dich nach dem Seinsgefühl befrage. Deine Ambitionen sind von Mir gestillt und neue tauchen keine auf ausser der, in Mir und Meinem Mit-Mir-Einigsein zu bleiben. Deine Seinsgefilde sind vom Wind der wunderbaren Unbeschwertheit überweht und deine Überzeugung von der Fülle allen Lebens wird von der Unerschöpflichkeit der Himmelsharmonie gespiesen. So darfst du seinsgedankenwebend in Gestilltheit und Holdseligkeit in dir beruhn als das Wesen reiner Güte und Glückseligkeit des Seins, das das Beste, was es geben kann, erfährt um es voll Eifer in die weite Welt hinauszustrahlen.

Meine Nähe tut dir wohl und, wie Ich sehe, gleicht sich dein Gedankenleben auf's Intimste Meinem an um schlussendlich vollends in ihm aufzugehn.

Deine Pläne sind zuoberst und zuunterst Meinen völlig gleich geworden und bewegen sich in Erd- und Himmelsreichen mit der Akribie der göttlichen Vernunft, das Seiende mit weiterführenden Ideen zu befruchten und - sein absolutes Wohl bewirkend - immer weiter durch das All zu tragen.

In Meinem Medium und Meinen Melodien schwelgend lasse Ich Mein Gegenwärtigsein durch weise Hände gleiten und gehorche dem was aus Mir werden soll mit unnachahmlicher Genauigkeit und Grazie am Weltgedeihen.

Mein Lieber, lässt du deine vielen Leinen los, kann dir allein noch Göttliches geschehn und du verwirfst die eigensinnigen Pläne die dir bislang noch so arg zu schaffen machten. Die Harmonie des Himmels ist dir offen und erwartet von dir, dass du ihrer fündig und schlussendlich habhaft wirst in wunderbar besonnenen und seinsgewandten Meisterzügen.

3.13

Glückselig wer sich Mir verbindet, erhaben über alles Weltgewühl, wer es von Meiner Seite aus betrachtet und ihm wohl will aus des Herzens und der Hände sagenhaftem Seinsgefühl. Ich teile jede Ansicht die sich echt in Meinem Milieu bewegt und fördere damit die guten Sitten derer die sich über das profane Geistesleben vehement erheben wollen in die Weiten wahren Seins in Mir und in Meinen wunderbaren Weltenkräften im Allhier. Es braucht unbeugsamen Mut, bemerkenswerte Redlichkeit und selbstbewusstes Gottvertrauen, um in religiösen Dingen jede Tradition und Mustergültigkeit, Versiertheit und Standarte hinter sich zu lassen im Bestreben es nur noch direkt mit Mir zu tun zu haben. Ich Bin die höchste Höhe die du je erreichen kannst wie auch die schauerlichste Tiefe worein sich deines Geists Befinden stürzen möge. Du bist in jeder Weise deiner Sehnsucht nach der Wahrheit und Gerechtigkeit am Dasein bei Mir bestens aufgehoben, denn anderweitig hin und wider, tiefer oder höher kannst du nimmer gehn.

Deine Wünsche sind die Meinen sag Ich dir ganz im Vertrauen und offenbare damit das bedeutendste Geheimnis allen Menschenlebens das da heisst: Du bist in Mir und Ich in dir so sehr in Eins verschlungen, dass jedes Unterscheiden sich erübrigt und als mangelnde Bewusstheit abgekanzelt werden müsste. Noch ist solches Zeugnis rar und ist vom menschlichen Befinden aus gesehn ein Affront gegenüber dem Allhöchsten, Unerforschlichsten und zugleich Liebenswertesten was *ist* und was auch dich im Innersten bewegt zu deinen edelsten und ausserordentlichsten Taten. Hast du deines Seins Erhabenheit und Unberührtheit, Makellosigkeit und Grazie des Allerhöchsten recht begriffen, so fühlst du dich wie neugeboren in die Welt der wahren Geistigkeit, der Herzensfreiheit, der urewigen Heiterkeit sowie des namenlosen Friedens.

3.14

Was bist du und was Bin Ich ist hier besonders intensiv zu fragen? Ich bescher dir eine Antwort die dein jetziges Bewusstsein nimmer geben kann nämlich, dass du in der Geistesqualität und Seinsidee Mir ebenbürtig bist, doch ohne es zu wissen, derweil Ich weiss und Bin das Sein mit allen seinen Genialitäten. Wache Augen, wacher Sinn und eines liebevollen Herzens Strategie vermögen dir allmählich die Erkenntnis zu vermitteln, dass dein eigentliches Wertsystem unfasslich ist im Reich der festgefahrenen Begriffe und banalen Fasslichkeiten. Die Welt der Wirklichkeit ist geistiger Natur, so dass es müssig ist die Leiblichkeit der Ungehobelten und Feindlichen standrechtlich zu vernichten. Die Gesinnung muss sich ändern, und das kann nur mit liebevoller Gründlichkeit, Geduld und Himmelsgrazie geschehn.

Die allgemeinen Regeln für die Geistwelt sind von Mir schon längst begründet und erlassen worden. Sowie du sie mit Eifer, Ehrfurcht und Konstanz befolgst, kann Ich dir Unterricht von höherem Gehalt und von gottseliger Gewissheit geben. Dein Innesein erfährt durch Intuition genau, wie Meine Gottesdinge wirklich liegen. Du siehst dich unzertrennlich in Mein Wesen eingebettet und von ihm durch die Allgegenwart der Zeitenlosigkeit getragen. Das wird deine Ansicht von der Universenwelt und von dir selber wunderbarerweis versüssen und dir einen ultimaten Kick zum Freisein von jedwelchen Ängsten und Bedrängungen verleihen.

Dein Befinden nimmt den Modus des glückseligen Verweilens in dir selber an und damit auch in Mir der Ich die Fülle allen Seins repräsentiere und dessen Unerschöpflichkeit und Himmelsgrazie das Milieu bestimmt in dem Ich ewig Bin und wese.

3.15

Kurator der höchsten Werte deines Menschenseins sollst du dir werden die da sind: Erkenntnis der Gottinnigkeit in deinem Wesen wie das absolute Seinsvertrauen das dich ohne jeden Schwenker unverzüglich in Mein Reich der Grazie des Himmels dirigiert. Du darfst fürderhin ein hochgebenedeites und gesteigertes Bewusstsein in dir tragen das genau zu unterscheiden weiss zwischen Dämmrigkeit und heller Wachheit im Die-Lebenswelt-Erklären. Im ersten Falle standest du vor vielen Rätselhaftigkeiten die dich jahrelang bedrängt und übel zugerichtet haben. Nun bist du ihnen offenkundig auf der Spur und wirst sie eines nach dem andern ohne jeden Zweifel lösen.

Deine Meinung von Mir wie von dir wird sich vollkommen ändern zu einer Schau von einigem unübertrefflichen Gestalten, Walten wie von sagenhaftem Fortschritt der Gegebenheiten. Alles ist im Lot hieroben und erfüllt die Räume mit dem Ausdruck fabelhafter Fantasie wie mit der einfallsreichen Zärtlichkeit mit der Ich alles Seinslebendige bedenke.

Was Mich je im Innersten berührte lass Ich nimmer los und was in jeder Einzelheit zu unternehmen ist gehört zur Klargesichtigkeit die Ich schon immer intus habe. Wie gut, dass Ich Mich Meiner Riesenkräfte voll bewusst bin im subtilen Reigen den Ich vor Mir selber tanze, wie ehrenvoll die Wendungen zum Guten und Glückseligen die Ich an Mir und aller Welt vollzieh. So wie es in Mir *ist* wird es in der Gemächlichkeit der Zeit für alle sein und damit auch für dich und dein Verhältnis zum All-Einen.

3.16

Keiner kann Mich mit dem rechten Wort benennen und so ist es denn gegeben, dass Mich niemand wirklich kennt in Meinem Habitus und Meiner Universenpracht der Myriaden. Handelst du, so bist du stets geneigt zu glauben, dass die eigenen Gesetze dir dazu genügen. Doch verkennst du damit Meinen kapitalen Einfluss auf das Weltgeschehn. Zwar schaust du alles was geschieht mit wachen Augen an, doch reicht dein für das Menschliche berechneter Verstand nicht aus, um das was hinter den Kulissen deines Lebens abläuft, wahrzunehmen. Und gerade das ist eine Meiner vielen höchst geheimnisvollen Taten, die die Lebenswelt im Schwunge halten nach dem Motto: Ohne Mich könnt ihr nicht sein, wie nach dem Zauberwort: Ich Bin in euch von Tag zu Tagen und ihr seid in Mir für immer bestens aufgehoben.

Durch diese Definitionen kannst du, was Ich für dich Bin, mit Händen der Erkenntnis greifen und dich Mir voll Seele anvertrauen bis ins letzte Detail deines weltbedeutenden und siegessicheren Agierens. Ohne die intime und beständige Beziehung zwischen dir und Mir kann es für dich wie Mich mitnichten ein erspriessliches Entfalten geben. Du schwimmst im Ungewissen derweil Ich Mich nach deiner Einsicht in das wahre Weltgeschehen sehne. Mach dich auf zu Mir, ruf Ich dir unentwegt in deinem Innesein entgegen und „werde was du Bist" ist der intense Ruf und die Berufung Meinerseits in deine hochgestellten Geistesohren.

Dein Ziel ist es Mich in dir anzunehmen und damit eine Tat von wahrer Schicklichkeit und Weisheit zu vollbringen die beflügelt und erhebt, bewusst macht und beseligt als in Meines Geistes Licht und Meinem gottgefälligen Gehaben.

3.17

Was dir noch fehlt ist die herzinnige und ständige Verbundenheit mit Mir im wachen Geiste und damit in der selbstbewussten Tat. An dir ist es, dein Geisteswesen ganz an Meines anzulehnen, damit sich eine Einheit bildet zwischen dir und dem Donator aller guten Gaben, der Ich dir Bin in aller Form und Freundlichkeit voll Seele und herzinnigem Erlaben. Nicht umsonst sind die Geschöpfe von Mir so vortrefflich und erfinderisch mit alledem versehn was ihnen ein bekömmliches standfestes Leben und Gedeihen bieten würde. Ihre Eigensinnigkeit jedoch behindert diese Disposition und senkt so manchen Trauenflor auf Tor und Garten. Dir jedoch sei nichts zu viel um aktiv und vertraulich einzugreifen in die Bruderschaft der Menschen um zu heilen, was verwunschen und verdorben war.

Meine Regel ist: Die Guten besser und die Schlimmen offener zu machen für das Wesen Meiner Gotteswelt voll reiner Güte und Bewusstheit.

Nicht dein sondern Mein Wille soll geschehen, damit die rechte Demut dich befalle und zugleich das Grandiose vor dir aufgeht das du Bist in tätigem Vollenden. Ständig sickert Seinssubstanz von Mir zu deinem Wesen und befähigt dich allmählich sozial, barmherzig, gütig und gerecht zu sein dem Leben gegenüber und besonders auch den Liebedürftigen und Pitoyablen. Du bist, von Mir gesegnet, der gefeite Ritter in der Not und der Vollbringer dessen, was Ich dir in Worte fasse für das Wohl der Welt und seine Bürgen. Einstens lächelt Mir das Erdenantlitz wunderbare Seinsgesellligkeit und Menschenfreundlichkeit entgegen und durchmisst den Weltenäther als ein Inselchen von Trautheit, Paradiesesschönheit wie Glückseligkeit in den so seinssensiblen menschlichen Gemütern.

3.18

Was *ist* muss nicht mehr werden und was sein wird wird zu einem Garten der Glückseligkeit vor deinem staunenden Gemüte. So habe Ichs bestimmt und so wird es am Ende sein, trotz allen unvollkommenen und unbeliebten Interaktionen.

Die Rolle welche du dabei durchs ganze Leben spielst ist dir auf Hand und Herz geschrieben und versteht sich als ein Lernprozess von erster Güte, dem du dich zu beugen hast, zu deiner wie zu Meiner Ehre im Allhier.

Gesteh Mir, dass du dich noch viel zu wenig um Mein Wort und Meines Daseins Grazie kümmerst, derweil dir deine eignen Dinge fulminant und dominierend in den Kopf gestiegen sind. Unausgeglichen ist das Konto zwischen dir und Mir, das Soll auf deiner Seite gegenüber Meinen Rechten und Versorgungen an dir. Und liess Ich keine Gnade walten, wäre dir todsicher der Konkurs ins Haus geflattert und die bitterste Blamage in Bezug auf deine Gottnatur.

Was ist Liebe wenn nicht unermessliches Verzeihen aller Fehlerhaftigkeiten die Unwissenheit und Lässigkeit konstant kreieren. Ich schone dich und halte dir die Wege offen die zu Mir und Meinen seelenvollen Herrlichkeiten führen. Einmal muss die grosse Wende und Wahrhaftigkeit in dir geschehn, die dich in dein eigentliches Sein versetzt und dich von allen Nöten und Befürchtungen befreit in Sachen Zukunft und Entfaltung geistiger Natur. Du schöpfst und schöpfst zu Mir Vertrauen und überlässest Mir die Leitung deiner Herzensangelegenheiten. Das lässt das Freisein aufblühn und gedeihen unentwegt im hoffenden Gemüte und versetzt dich in den Zustand reiner Allegrie und Zuversichtlichkeit, Bewusstheit und Glückseligkeit im hellbewussten Leben.

3.19

Tugendhaftigkeit und Menschenliebe sind von dir zu leisten immer mehr, damit die Welt zu einem Paradiesesgarten werde nach dem Vorbild der allheiligen Natur. Du schwimmst in ihm in Freuden der unendlichen Genügsamkeit die dich befallen. Du erntest was du nie gesät und gewahrst dich als das Wesen der bewussten Harmonie in allen Lebensdingen die dir eigen. So zu sein ist ein beredtes Zeichen reiner Gottgefälligkeit von der du dich durchdrungen siehst und die dir schon für alle Zeit den Status der Glückseligkeit verleiht in deinem Dich-Verwundern. Gleichst du Mir, wenn Ich dich frage ob du irgendeinen Wunsch verspürst und deine Antwort lautet: Nie hab Ich Mich so gestillt und formidabel, friedevoll und figalant gefühlt wie in der ewigen Jetzt-Zeit die in Meinem gottestraulichen Gemüte angebrochen. Niemand kann es sich im Grunde leisten, so anspruchslos wie Ich zu sein und das weshalb: Weil Ich schon alles intus habe in unendlicher Versiertheit und Gefälligkeit, Kapazität und Schlichtheit der Gedanken. Ich erfühle Mich im Wohlsein der Unendlichkeit und habe nichtem nachzutrauern, derweil Ich auch nichts Bin in deinen festgefahrnen Regionen.

Von einem Wall aus Lichtheit Bin Ich rings umgeben und von einer Lauterkeit beseelt die ihresgleichen sucht im All der geistigen Gewissenhaftigkeiten.

An dir ist es dich so im Weltsein zu gewahren als der Handelnde in der Bewusstheit deiner Gotteswürde ohne jeden Abstrich in der Reinkultur der Himmelssphären. Federleicht sind deine seinsgeschichtlichen Intarsien geworden und jede ihrer Windungen ist untrennbar verschlungen mit den Meinen. Wahrhaft walten kann nur Einer der Ich Bin in allen kuriosen Köstlichkeiten die da *sind* vom Festgefügten bis ins reine Geistige hinauf in permanentem Ringen um den Frieden der Gottseligkeit und seligen Gestilltheit in des Geistesalls erhabenen Gefilden.

3.20

Was ist Distanz, wenn nicht Unendlichkeiten zwischen dir und Mir und was ist Nähe, wenn nicht das Durchdrungensein vom Allgewissen das sich den Verklärten ständig und inständig offenbart? Ich weiss nicht wie und weiss es doch, dass alles in Mir stimmig ist wie ein verspielter Sommersonnenmorgen, desgleichen wie die lautere Genügsamkeit an allem was Ich Bin und was des Seins blitzsaubere Enthüllung offenbart.

Die Reinheit ist es, die Ich hell und makellos in Meinem seinsgelassenen Gemüte trage, die scintillierende Natürlichkeit mit der Ich zeitlos zirkulierend operiere. An dir ist es, dies alles in Beseeltheit und mit hochsensiblem Seinsempfinden einzusehn, damit du dich bestätigt findest in der Würde göttlicher Brisanz und Seinsgeselligkeit von überirdschen Graden. Nur wissen sollst du dabei, dass nicht dein geschaffen Teil agiert, jedoch das Unerschaffene von Meinen eminenten Gottesgnaden. Sind wir uns einig über dies und das muss es bald über alles sein, damit nicht das Geringste fehlerhaft erscheinen kann im Hinblick auf des Universums Plausibilität, Pausbackigkeit und Schöngestalt in ewig fliessenden Gebärden.

Für dich ist alles noch ein Ziel von wahrer Glorie des Empfindens im geschmackvoll eingerichteten Allhier, sowie der alles überragenden Versiertheit die Mir eigen. Du wirst bekannt mit den verborgensten Allüren, denen Ich den Nimbus reiner Göttlichkeit verdanke, und deine Züge sind so schön geglättet wie das abendstill gewordne Seelein im Gebirge irgendwo. Grandios und minikrim sind sie aufs Wohlgelungenste verbunden und ergänzen sich zu einem All von Genialität im Pläneschmieden wie -verwirklichen in nimmermüder Abenteuerlust und Allegrie. Was du Bist ist fabelhafterweise ins von Mir belebte All geschlossen und erfüllt so Meinen Wunsch nach absoluter Einigkeit allüberall wo sich Bewusstsein in der Zeit erhebt und wo die Glocken der Glückseligkeit erklingen.

3.21

Mein Kalender ist voll trefflicher Gedanken vom ersten bis zum letzten Tag die sich locker sehen lassen können in Bezug auf Menschenfreundlichkeit, Vielseitigkeit und wohlgestaltenden Allüren. An ihnen hängt das Schicksal von Myriaden die voll Grazie zum Besseren gelenkt und angefeuert werden sollen. Ich halte es für richtig selbst das Ewige in wohldurchdachte Episoden einzuteilen in denen einmal dies und dann das weitere gelehrt und vorgetragen wird zum Heil und zur Erbauung der Gemüter die Gottseligkeit erlangen wollen.

Bist du mit Mir einig, dass auch du von diesem Vorgehn profitieren und allmenschlichen Gewinn erzielen könntest? Es geschehen täglich kleine Wunder der Erleuchtung über einer Sache, die recht undurchsichtig und penibel war. Das hilft dir, in Bezug auf Lebenstüchtigkeit und ausgewerteter Erfahrung frohgemut voranzuschreiten auf dem Weg ins göttliche Genügen.

Wo Mein Wille herrscht beginnt das Leben sich zur vollen Güte und Gerechtigkeit zu stilisieren. Die Geschöpfe dieser Art und Weise sich zu geben sind die ersten die das Leben meistern, um schlussendlich siegreich und gelöst aus seinen kuriosen Windungen hervorzugehn.

Was würdest du an Meiner Stelle tun um möglichst viel gerissene Gefährten Meiner Seinsphilosophie zu finden? Alles würde in demselben Pflichtbewusstsein und Verlangen nach Vollendung enden wie sie schon in Meinem Reiche etabliert und ausgebreitet sind. Die genialen Dispositionen haben sich bewährt und sind auf bestem Wege allgemein beliebt und angewandt zu werden. Das kreiert dann überall Begeisterung und Wohlfahrt, Qualität und Einigkeit im Leben das die

Menschen wie die Götter für sich und die Gemeinde der Verklärten führen.

Dank dem Herrn der solches angeführt und ausgewogen, koloriert und gutgeheissen hat in seinem weisen, meisterhaften Disponieren.

3.22

Wer zuletzt lacht lacht am Vorteilhaftesten, denn er hat den Vogel abgeschossen in Bezug auf Seinsgeduld und Wesenhaftigkeit in seinem Sich-Begründen. Das gestattet ihm, genau wie Ich, in freiem Laborieren Pläne aufzusetzen um sie zu verwirklichen ad libitum in aller Ruhe und Versiertheit, Seinsgeläufigkeit. Prosperität und Grazie des Himmels über ihm.

Du kannst von dem, was Ich Mir Bin, das allerbeste Vorbild nehmen, das bei allen schon von Mir Berührten durch die Runde geht und ihnen wache Weisheit, Lauterkeit und Wohlverstand en masse vermittelt.

Auch in Meinem Reich gibt es bizarre Kräfte, die die Wurzeln aller Wohlanständigkeit und Sitte radikal zernagen wollen. Doch Bin Ich ständig auf der Hut und halte sie gelassen auf Distanz, damit sie Mir mitnichten schaden. Trotz dem Engagement das Ich in allen Sparten, Disziplinen und Gebieten Meines Seinsgewissens leiste ist es Mir ein Leichtes Mir in Meiner Mitte sagenhafte Ruhe zu gewähren. Das bedeutet für Mich Harmonie und Friedefertigkeit in einem Mass das jeden Vorbehalt und jede Grenze übersteigt in ihrer Nonchalance und ihrem Sich-im-Universum-wohl-Befinden.

Was immer an Mir hängt von himmlischen Gemütern bis zu dir hinunter im Terristischen kann sich des Vorteils Meiner Götterlichtheit allezeit erfreuen. Es braucht sein Antlitz nur Mir zuzuwenden um Meinen Gnadenstrahl in voller Stärke zu empfangen. Das gebiert Vertrauen auf unendlich mehr und lässt die überall in Zirkulation befindlichen Bewusstseinsströme implizit und intensiv vor Freude beben. So sorglos und dir selber überlassen darfst auch du in Meinem Hause sein und in den Gärten rings herumspazieren. Gelöstheit ist die Folge und geladen mit Verschmitztheit das Revier in deinen Händen dem die Heiterkeit entströmt und schlichte Herzensgüte die dich inniglich und wohlbemerkt erlaben.

4

Das Hohelied des Seins

4.1

Höhwärts blickend steigen die Versierten Meiner Zünftigkeit bewusst hinan wo ihnen Unbegrenztheit winkt und gottbegnadetes Agieren. Das Hohelied des Seins zu singen fangen sie frühmorgens an um es begeistert durch den Tag zu bringen mit wunderbar geschliffenem Elan. Was sie sich erdachten *ist* und wird in Überfülle auch geschehn und was sie liebevoll vollbrachten bleibt in alle Ewigkeit bestehn. Sie sinds, vom Himmel dazu auserkoren, beliebt, sinnstiftend und gerecht zu sein und sind es auch mit ihres ganzen Wesens mustergültigem Betragen.

Wer sich ihrer annimmt Bin Ich höchst persönlich und wer sie fördert wird mit Mir in haargenau dieselben Saiten greifen. Ist das klug? Ich kann es offensichtlich ohne jeden Vorbehalt bejahen und dazu tüchtig auf die Pauke hauen, damit es allgemein bekannt und hochgehalten wird in der menschlichen Gesellschaft und Arena.

Wenn Ich doch offensichtlich nichts vor dir verberge, warum willst du denn nicht sehn mit welchem Eifer und Genie Ich alles was da *ist* hervorgebracht und eingerichtet habe? Du senkst den Blick auf dich zurück statt ihn zu Meiner Universenpracht und -bildung zu erheben. Es geht dich eben alles etwas an vom Eingebundensten bis zum Entfaltetsten in deinen zauberhaften Runden, die die Meinen sind, wenn dein Bekenntnis zur Erkenntnis wird im Seelengrunde. Ich werbe für das was du dir schon Bist damit du es entdeckst und hochhältst Meinem Strahlenblick entgegen. Ich will Mein Menschentum in Andacht und Ergriffenheit, Vertrauen und Beseelung Mir entgegenstrahlen sehn. Mit offnen Armen will Ich es empfangen nach dem millionenlangen Marsch den Ich in seiner Gültigkeit, Naivität, Gerissenheit und seinem Wankeln unternommen. Noch immer seid ihr Söhne, Töchter und Geliebte Meines Seins und dürft euch meinen, solchen Vaterhauses Zierde, Kapital, Errungenschaft und wonnevolle Finissage zu sein.

4.2

Ich komme wohin immer du Mich rufst in deinen Ängsten und Bedrängnissen geliebter Hochseekapitän in deinem Drange alles zu erobern und begreifen. Ich Bin und bleibe stets bei dir, um deine Schulden und Versäumnisse fürs Erste zu begleichen. Siehst du deine Fehler ein und änderst dein Verhalten will Ich dir wie immer Meinen Schutz gewähren. Andernfalls muss Ich beständig dräuendere Wolken vor dir aufziehn bis du endlich zur Räson gelangst in deinem An-dir-Wüten.

Weltgeschichte schreiben und betreiben heisst von ganz oben bis zuunterst nach derselben Logik vorzugehn. Mal sind es einzelne, mal ganze Völker oder gar Planeten die sich durch Uneinsichtigkeit und frevelhaftes Sich-Verhalten immer weiter ins Abtrünnige manövrieren. In diesen leide Ich, ans Weltenkreuz geschlagen, Not und Pein.

Unheiliges muss in der letzten Konsequenz unheilig bleiben aus selbstgeschaffnem Wahn. Es bleibt in Mir, doch kann Ich es nicht in die höchsten Höhen steigen lassen. Eine Gottesträne ist geboren.

In Meinem Heiligtume Bin Ich Mir das Überragende an sich, der Seinserhabene und Sakrosankte der in sich gefestigte und fabelhafte Vater der bewundernswerten Seinsbewusstheit die Ich allhin unentwegt verströme. Meine Schöpferkräfte fachen allgemeinen Jubel an wo Ich Mich durchgesetzt und etabliert, vertraut gemacht sowie als linientreu erwiesen habe. Glücklich wem Ich Mich erschlossen, glückselig wer Mich in sich selbst erkennt als das was *ist* und was die Welt gestaltet und erhellt in glorios gewährten Gnaden.

4.3

Schönheit ist hier Trumpf und lächelnde Gewissheit vom unendlichen Verfügen über Kräfte die die Schöpfertat vollbringen, tunlich, traulich angesammelt in und für Äonen. Ich lange weit von Mir hinaus raumschaffend, inspirierend, genial. Unendliches türmt sich Unendlichem entgegen neue Grenzen schaffend um sie sogleich wieder voll Elan zu überrennen, ohne Pardon, kapital. Myriaden Stationen fuchsschlauen Geistseins animiere Ich dazu Mir Licht ins All hinauszustrahlen. Ihres Eigenwesens Signatur beginnt sich selber Fraternità und Fürstlichkeit in reicher Fülle zuzusprechen. Geisteswohnlich wird die Szenerie wo sich Empfindung zeigt und Seelenhaftes sich entrollt und lächelndes Gehaben. So fügen sich die Lebensqualitäten eine an die andre an und ergänzen sich in einem unermesslichen Bejahen zur Struktur der Wohlfahrt und der sinngeladenen Betriebsamkeit im Hinblick auf das Künftige das sich im Jetzt gestaltet und dann nimmermehr vergeht.

Die wissenschaftlichen Gemüter tasten sich im Irdischen voran und merken nicht, dass es im Geistessinne noch unzählige brillante Wesenswelten gibt die Ich mit Leben und Verstand, Bewusstsein, Redlichkeit und Wohlfahrt fülle. Bunt sind die Geisteswelten und viel realer noch als die mit Erde vollgestrichenen in deinem so naiven und bescheidenem Gewahren.

Fassest du Mein Sinnen an so kannst du auf Gewaltiges gefasst sein das dir zukommt auf der Ebene des Weltgewissens wie der universenweiten Götterspuren. Es gibt nur einen Seinserhabenen, doch viele die durch ihn das All regieren. Spürst du das? Und wird dir mählich offenbar, dass Ich auch dein Bewusstsein in Mir trage genauso wie du Meines akkurat in dir erträgst um hoch und weit und höher noch zu kommen in den glückseligmachenden und götterlichten Evolutionen.

4.4

Wirklich glaubhaft ist nur was von Mir in deine lichte Seele strömt, die ist dem Ewigen anheimgegeben. Das Bild vom guten Hirten ist sehr trefflich, weil Ich dir in ihm wenn nötig nur die Wolle reffe liebevoll und glimpflich. Erst wenn du dich von den Lockungen der Umwelt scheren lässest, tut Mein Stecken richtig weh und du beginnst in aller Form an Wandlung hin zu höherer Daseinsqualität zu denken. Du bekommst von Mir sehr viel geschenkt mit Leib und Seele, Erdenwohnstatt und Verstand damit du jederzeit vernünftig und effizient agieren kannst in weltlichen Belangen. Nach deinen Fähigkeiten klug und redlich handeln jedoch musst du aus dir selber. Was immer du geniessest muss bezahlt sein vorher oder nachher, früher oder später. Diesem simplen Seinsgesetz kann niemand in der Menschen- wie der Götterwelt entkommen.

Die Hürden um zu Mir zu kommen sind recht hoch, doch sind sie deiner Fähigkeit entsprechend angepasst und liebevoll von Mir verwaltet, um dich in Sachen Gottesnähe und -geduld auf einen grünen Zweig zu heben.

Ohne das Bewusstsein von der Hilfe höherer Gewalten geht es nicht. Sie sind unendlich clever und durchschauen jede Situation.

Wenn Ich Mich zu dir wende sind deine Geisteslichter sogleich umgestellt und du schaust die Welt mit Meinen Augen an. Was Ich dir rapportiere ist nichts weiter als was du bereits in Fülle vor dir siehst und dich an ihm erlaben kannst im Zustand der Erleuchtung und der Himmelsharmonie. Es ist dir nichts bekannt was kritisch werden könnte, weil in Meiner schöpferischen Langmut alle Ingredenzien vorhanden sind die dich zuinnerst glücklich machen werden. Du bist dir des ewigen Adels, der dich krönt, zutiefst bewusst und willst nichts anderes, beglückenderes und holdseligers erfahren.

4.5

Beringte sind nicht immer glücklich, dass sie solch ein Merkmal an sich tragen. Sie beginnen alles Hemmende mit Eifer von sich abzustreifen und gelangen so zu einem veritablen Freisein von unzähligen Behinderungen. Diese sind dann auch in Meinem Sinn vergessen und verschrottet und haben damit keine Chance wieder aufzustehn. Überleg dir einmal was dich von Mir fernhält und beginne Meine Werte und Begünstigungen mehr als alles auf der Welt zu schätzen und mit ihnen richtig umzugehn. Es gibt ein Sprichwort: „Trau schau wem", und wem kannst du so recht zutiefst Vertrauen schenken als gerade Mir, der dich in deines Herzens Gral begleitet über Generationen hin. Jedes deiner ungelösten Rätsel kannst du vor Mich tragen und dabei gewiss sein, dass Ich es auf Meine Art zu deinen Gunsten löse um dich allgemach dem paradiesischen Bewusstsein zu erschliessen. Unbesorgtheit ist der Schlüssel zum Elysium das Ich mit Akribie verwalte und gestalte um es Meinen Bürgen angenehm und friedevoll zu überlassen.

Um so zu sein wie Ich es wünsche braucht es Energie, gestählten Willen, Gottestreue und Geduld und eben diese fallen immer wieder deinem Schlendrian zum Opfer, deiner Eigensinnigkeit und deinem Unvermögen wahrhaft gut zu sein bis in die zierlichsten Verästelungen deines Wesens. Ich will dir immer gut, doch du nimmst, was Ich dir voll Güte offeriere, selten an. Du traust dir selber mehr als einer Gottheit zu, und das ist das Verhängnis das dich in die Bredouille bringt und dir die Freiheit raubt die Ich dir hoffnungsvoll ins Leben mitgegeben.

Die sich voll Mut an Meine grüne Seite stellen, kann Ich alleweil mit Klarsicht, was da wirklich *ist,* begaben. Sie dürfen sich mit ruhiger Gelassenheit in Meinem Himmel fühlen und der Welt ein Beispiel sein von wahrer Menschlichkeit und seelenvoller Harmonie.

4.6

Mit Meinem Blick gesehn kommst du Mir wie ein rechter Schlingel vor mit deinen himmelschreienden Allüren und dem Gieren nach Besitz und Macht in deinen mittelalterlichen Niederungen. Ein jämmerliches Schauspiel in der tiefsten Liga führst du vor Mir auf und beraubst dich damit der subtilen Göttlichkeit mit der Ich dich versehen habe.

Wahnfried anstatt Gotthelf möchte Ich dich nennen ob den Täuschungen die du am Laufband produzierst und denen du am Ende selbst erliegst im Dschungel ungezählter Aberrationen. Freidenker willst du sein und machst dich zum Gefangenen der leidigen Versucherkräfte die dich stets umlauern und dir Miserables als erstrebenswert verkaufen.

Nur in Meinen Gottesarmen kannst du die Welt als paradiesisch schön erleben. Dein Blick wird heiter und du richtest ihn vornehmlich auf die liebliche Natur die in ihrer Unschuld eine wahre Zierde ist in Meinem Göttergarten. Du wirst des Lebens List und Lustigkeit durchschauen und nur die besten Früchte von ihm akzeptieren. Deine Weisheit schmiegt sich Meiner an mit deren Schmelz Ich dich ohn' Unterlass beehre. Nicht durch Rippenstösse sondern durch die veritable Einsicht soll dein Wesen gottgefällig und vernünftig, liebevoll und kostbar werden. So wie dich Mein Arm beschützt beschützest du die Deinen und vereinigst dich mit ihnen zur Gemeinschaft der Gerechten Gottes, die das variationenreiche Menschliche zum Zuge kommen lassen. Menschenlust wird Götterlust und vice versa wird sich alles zur Vollendung dessen stilisieren was Ich Mir erschaffen habe. Der Gereizte wird den Reiz verlieren und reizvoll wird der Adel des Gerechtseins an der Menschenwürde wie die Einsicht in das himmlische Gebaren. Du stellst Mich dir als gütig vor bis in die letzten Fasern deines Wesens und vertraust Mir deine

Nöte an voll Inbrunst und zu immerwährendem Gesunden.

4.7

Munter auf die Pauke hauen sollst du Mir und danach Mein Wort verkünden durch dein Beispiel in der gottgefälligen Tat. Das ist die Götterbotschaft an dich wie an jeden in den ungezählten Lebenswelten die Ich zu gestalten und verwalten habe. Von ganz zuoberst bis zuunterst bist du mit dem Sein verbunden durch hocherhabne Hierarchien von gottseligen Gewalten, Mächten und genialen Dienstbarkeiten, die sich alle auf Mein grandioses Einssein mit Mir selbst beziehen. Das ist die Welt der Göttergenerationen von denen jede sich ihr Reich von Galaxien, Sonnenzentren wie den allerliebsten sie umkreisenden Planetchen schuf. Was willst du mehr als vor der Ahnung dieser Souveränität in Ehrfurcht niederknien und dich der Arroganz bezichtigen in deinem eitlen Ich-Sein, derweil es nur das Meine gibt im grandiosen Universenreigen.

Du stehst vor dem gigantisch Kosmischen, das dich umflutet, unendlich klein und scheinbar ganz vergessen da. Doch das Bewusstsein deiner Geistesgrösse hebt dich über Lichtdistanzen wesenhaft zu Mir empor, der Ich dich Bin und bleibe generationenlang im waltenden Äon.

Dein Sein ist Meins in einer Logik ohnegleichen die sich in sich selbst begründet und nicht anders sein kann in der Einheit aller Dinge die da *sind* und sich unbedingt als Sein vom Sein erweisen. Wozu denn dieses Wissen in der eignen Hand behalten? Ich breit es über deine Länder, Höhen, Tiefen und Komplexe aus, bis es sich als Allgemeingut und als überirdische Beseligung erwiesen hat. Künftig wird es deinen Reiz am Leben wie die treue.abgrundtiefe Gläubigkeit an Mir bestimmen.

4.8

Im Grossen klein im Kleinen grandios sollst du Mir werden in der Rolle die du spielst im Universenreigen. Ich lehre dich beständig grössere Dimensionen sachgerecht zu überschauen und dabei das Materielle wie das geistig Kosmische gebührend in Betracht zu ziehn. Dazu hast du deines Seinsbewusstseins Augen allweit aufzuschlagen. Du durchstössest Schicht um Schicht des Offensichtlichen hin zu immer grösserem Geheimen, bis du in der kosmenweiten Feerie zu Mir, dem Sein, gelangt bist das sich selber ein Geheimnis ist, obwohl es weiss, dass es in allem, was da *ist*, als Basis, Blankoscheck, Arom der Güte wie als Wunder der Gewandtheit und Synthese existiert.

Als erkannt Bin Ich in dir und allem deinem Tun genauso effizient und unabdingbar, keusch und liebevoll vorhanden wie in jedem weitern Seinspartikel als das Kleinste wie, im Kosmenlicht gesehn, das Allergrösste in der Einheit aller Dinge und Gewalten, Korrelationen und Betriebszustände, köstlichen Manieren und bewundernswerten Offenbarungen. Du Bist, Ich Bin im selben Masse seinsgeschwisterlicher Liebe, Affinität und Gloriole ES, das Unfassbare und zugleich so Präsente, dass du's mit Händen und Gedanken fassen kannst im allertiefst beschaulichen Begreifen.

Kein Mü von einem Schrittlein gilt es auszutragen um bei Mir zu sein, keine Herzensbitte brauchst du anzustossen ohne dass Ich sie vernehme, weil Ich stante pede in dir Bin als Inspirator und Erhabener in eigner Sache wie als Tröster und Beglücker deiner Seins-broschur. Damit magst du informiert sein über das was dich zum Danken anregt für das gütestrahlende Momentum das es dir in diesem Augenblick voll Grazie ins Menschenherz geschrieben.

4.9

Ein makabrer Merkpunkt deiner Seinsgeschichte ist es, dass du nicht geschnappt hast welche Kräfte dir von Mir ins Leben mitgegeben worden sind. Du lebst in deinem minikrimen Ichlein fröhlich vor dich hin und merkst nicht wie der Teufel dich beim Kragen hält mit seinen wissenschaftlichen Allüren. Deine Pflicht ist es, dich nach dem Welten-Ich in dir gebührend umzusehn, um dich auf es zu stützen bis hin zu den manierlichsten Geschäften die du zu verrichten hast in Meinem Sinn und Streben. Da ist nichts - und alles was du prüfen sollst im Kontext Meiner Weltentaten. Wie kannst du das noch tun ohne Mich zu fragen, der Ich *weiss* und der Ich die geheimsten Hintergründe kenne aller in der Welt vollbrachten Aktionen. Dein Entscheiden wird sich stark verändern, wenn du dir sicher bist warum du etwas tust und wenn du auch die Folgen kennst von deinem Handeln. Wie aber kann das möglich sein ohne dass die Seinsgeschichten aller Wesen die da *sind* in ihrer Fülle vor dir liegen? Das verlangt, dass sich dein Wesen mit dem Meinen aufs Intimste solidarisieren muss, damit Ich fähig werde ihm die richtigen Impulse für sein Handeln zuzuspielen. Deine Müh und Einsicht zeitigt das bewundernswerte Resultat, dass du dich wie Mich, das Welten-Ich, verhalten kannst in deinen heiklen Lebenssituationen. Gibst du dich Mir bis ins Intimste hin wirst du zum Fürsten und zum wahren Kenner deines Seins, derweil es akkurat zum Meinen ist geworden.

Sprichst du, so spreche *Ich* in dir, bewegst du dich so ist es *Mein* Bewegen, und deines ganzen Daseins Fluss und Fluten ist das Meine und ist aufs Allerbeste in Mir aufgehoben.

4.10

Eine Fabel wird erst fabelhaft wenn sie durch Mich geschieht, geschmückt mit allen Weltenseins Nuancen und Berichtigungen die da *sind* von Mir ins Zauberhafte eingeschrieben. Erstaunlich ist wie wetterfest und farbig, tunlich und erquickend alles abläuft was Ich vor den Argwohn und die Wissgier der ganzen Menschenwelt zu tragen pflege. Mal hierhin und mal dorthin wende Ich den Götterblick, um neuen Szenen und Kapiteln Raum zu geben. Es strömen Meines Seins Gedankengänge locker, lecker und gediegen zu den Weltlichen hinüber und lassen diese ständig ihren Ringeltanz vollführen.

Glaube ja nicht, dass die formidablen Schöpferkraftideen aus dir selber kommen. Sie stammen allesamt von Mir, der Ich dich Bin mit Haut und Haar und mit dem Geistesruhm, den Ich gelassen, heiter und voll Grazie zu verbreiten pflege. Weisst du wenig zu gehorchen dann entsteht ganz unverblümt und ungezogen das berühmte Chaos, dem die Menschenvölker sich zu stellen haben. Bilde dir nur ja nicht ein, du seiest besser als die anderen. Solang dein Denken und Gefühl nicht Meinem bis aufs Tüpfchen angeglichen ist, entstehen durch dich Turbulenzen noch und noch in des Geistmeers brodelnden Unendlichkeiten.

Das Vage ist nicht Meine Sache, nur das hochpräzise Wagen bringt Erfolg in Meinem Sinne und befördert den Triumphmarsch des Erhabenen in alle Winde Meiner universenweiten Seinsnatur. Gestalterisch Bin Ich das Ass, von dem die Stümper und Kopierer kaum zu träumen wagen. Sie haben sich an Mich zu wenden um das Grandiose in das Zierliche zu transformieren, wie um der Kleinwelt ihrer Diktion das faszinierende Gepräge göttlicher Geschicklichkeit zu offenbaren.

4.11

Wer wahrhaft wirken will, der stelle sich als seinsgefügiger Soldat in Meine Gottesreihen und vollführe seinen Tanz nach Meinem wohldurchdachten und geheimnisvollen Weltbefehl. Meine Garnitur an effizienten Grenadieren ist noch winzig klein, gemessen an dem Heer der Seinsberufenen das Mir zur Verfügung stehen könnte. Sie wissen nicht was sie verpassen, währenddem sie auf dem Minenfeld persönlicher Gelüste frohgemut spazieren gehn. Ihre Auren sind getrübt von den Banalitäten mit denen sie sich unertwegt befassen, derweil der Hunger ihrer Seelen täglich stärker wird nach Seinsgerechtigkeit und immanentem Frieden.

Hier angelangt bist du, damit Ich dir gebührend die Leviten lese und dich damit zum Anfang setze einer Laufbahn von entschiedner Gottesqualität und makelloser Seelenharmonie im Unergründlichen. Wenn du da weiterschreitest und dich echt besinnst auf das was wirklich nötig ist im Leben wirst du freudevoller, heiterer und gläubiger von Tag zu Tagen. Es kommt die gnadenvolle Stunde die dich Mir so nahe bringt, dass du Mein Dasein spürst als Kraft von Kraft und Licht vom Lichte die die Welt in ihrem Grund gebären und ernähren, beglücken und entzücken, wirkungsvoller gehts nicht mehr.

Diesen Wandel zu vollziehn ist dir als Grundgehalt und Forderung ins Leben mitgegeben. Du kannst ihn schlau vermeiden, doch dann wirst du nimmer innig froh. Willst du ihn jedoch unablässig suchen so ist dir Meine Assistenz gewiss und Meine besten Kräfte werden dich ins festliche Elysium führen. Draussen mögen noch intense Stürme toben doch in deines Seinsbewusstseins Räumen herrscht der Zustand makelloser Ruh und über deine Sinne senken sich die Düfte wonnevollen Friedens.

4.12

Hoch vom Himmel trag Ich dir den Geistruf vor, der dich zu allertiefst berühren soll in den Gemächern deiner feingefügten Seele. Du hörst ihn wenn du allen Tand beiseite legst und dich begleiten lässest von dem

Seinsgeschmeide das Ich dir offnen Herzens anerbiete. Tritt vor Mich hin und lass dich von Mir eines Bessern belehren als es dir bisher geschah in Bezug auf Seinswirtschaft und lebelanges Deine-Mängel-Übermalen. „Mir mangelt nichts" und „Meine Mängel sind behoben", sollst du ständig vor dich hin parlieren. Denn als Gott von Gott und Lebenskraft von Lebenskraft darfst du das wohlberechtigt sagen. Es ist nur dein Knausern und dein Knappen, welche Meine Sache in dir schmählich sabotieren und dich der Gemeinheit überliefern ohne dass du viel davon gewahrst. Deswegen ist es Mir so sehr daran gelegen dich auf Meine Seite hinzuziehn und nach Bedarf auch zu bugsieren. Da gehörst du nämlich hin und hast dein Scherflein zu erfüllen, überzeugt von Meinem Dasein als dein Helfer und Gespan.

Wer hätte das gedacht, dass du an der Spitze aller Herdenwesen ein Juwel bist das in Gottesebenbildlichkeit erglänzt als Vollbringer glorioser Meistertaten. Könntest du dir vor das Näschen malen, dass ein solches Wesen aus dem Wesen eines Zirkusaffen oder eines Tschungelschwingers emergiert? Ich sag dir glatt heraus: niemals und zwar weder nach Vermuten noch nach Glauben, sondern nach exaktem Wissen aus dem Labor Meiner Seinsgeschichte, die von Leib und Seele, von Verstand und götterlichtem Ich-Sein was versteht.

4.13

Kredit gewähr Ich jedem der da kommt und davon überzeugt ist, dass er mit des Herren Tiefe Mustergültiges kreieren und der Menschheit präsentieren kann. „Edel sei der Mensch, hilfreich und gut" hat schon der ehrenvolle Herr von Goethe deklamiert. Bist auch du gesonnen, deine inneren Werte hochzuhalten mache Ich Mir bald einmal ein Fest daraus dich ständig zu begleiten, mit dir am runden Tisch zu sitzen und dein Gedankenleben vollends aufzumischen mit dem Meinen. Daraus resultiert für dich der sagenhafte Vorteil, dass du eines

Gottes Denkart kultivierst die ist der menschlichen natürlich haushoch überlegen. Smart und wieselwendig wird die Sprache über deine Lippen perlen und jedermann beglücken der sie wie köstliche Musik vernimmt und ihren Duft geniesst in wonnevollem Lauschen. Deine Thesen trägst du mit dem Selbstgewissen eines lichten Engels vor, der dich leichthin von der Schönheit höherer Welten überzeugt und dir die Gnade schenkt sie gelassen und inständig zu begreifen. Es weht ein Gotteswind in deinen Gauen und du traust dir neulich Dinge zu, die vordem völlig Tabu für dich waren. Schritt um Schritt gewinnst du Einblick in die hellen, heilen Geistessphären über dir und gewinnst damit die Überzeugung, dass es sich in Meiner Selbst-Verständlichkeit wie im Elysium leben lässt in lichterfüllten Herrlichkeiten.

Ein eklatanter Wandel ist in deines Seins Bewusstsein und Begriff geschehn. Du knapperst nicht mehr an den eignen Sohlen, sondern bist genährt von einer Götterspeise die dich leicht und luftig macht und dir mählich das Gefühl verleiht als müsstest du im Geiste nimmer Hunger leiden. Der Aufwand wird von Mir bezahlt und das Ergebnis zeitigt für dich reine Seligkeit in wunderbar geschniegelter Manier und mit dem Nimbus, eines Gottes Wohlgewissen und Erhabenheit, Glückseligkeit und Daseinswonne zu vertreten.

4.14

Unterhaltsam ist auf jeden Fall was Ich dir voll Vertrauen mitzuteilen habe. Hast du die Gnade es bewusst und überzeugt aufs Wörtchen zu befolgen bist du ein Wesen himmlischer Gefälligkeit geworden und darfst ohne jede Sorge und Gefahr schon hier genauso wie in Himmelssphären leben. Was du zu begreifen hast ist deines Schöpfervaters Philosophie des Gebens und des Nehmens, des Konsumierens und Bezahlens wie des Ehrlich-Seins dir und den Menschen gegenüber. Naturgesetze kann man nicht verbiegen und noch weniger die göttliche Natürlichkeit, die allen Wesen gleichgesinnt und gleich gewogen ist. Nun brauchst du Mir nur noch ein flehendes Gebet zu schenken und naturgesetzlich schenk Ich dir das Heissverlangte eben noch zur rechten Zeit, nur darf es dir nicht schaden. Wenn du nur konsumierst und glaubst du müsstest dafür nichts bezahlen bist du auf dem Holzweg. Es mag dich die Gesundheit kosten oder eine ganze Inkarnation, wenn du nicht den Willen hast das Leibliche an dir gesund und kregel zu erhalten. Dein Körper ist die Stütze deines Daseins in der Welt und nur durch ihn gelingt es dir Erfahrungen zu sammeln und geniale Werke hochzuziehn. Du darfst ihn weder schädigen noch zerstören, weil damit auch dem Geisteswesen, das Ich in dir Bin, Unrecht und Behinderung geschieht.

Dein Wille zum Guten wie das Vertrauen auf Meine Hilfe sind wie eh und je die Basis für ein wohlbekömmliches und zauberhaftes Leben. Du suchst und findest, bietest und empfängst und brauchst dir keine Sorgen mehr zu machen. Das Absolute stellt sich auf das Relative ein und verhindert, dass es untergeht, nur müssen seine Zeichen auf Erfüllung stehn. Du schwingst dich auf die Tore und die Tatkraft des Unendlichen ein und schon überströmt es dich mit seinen fürstlich aufgemachten Gaben. Dein Hiersein wird zum Fest der Freude in der Kunst die Seele zu erlaben und dem Geist die Wonne der Erlösung zu bereiten.

4.15

Du darfst wagen was du immer willst doch lass die Finger von Projekten die dir nichts als Ärger bringen weil sie selfish sind und abgedroschen in den Augen Meiner Majestät. Alles was du unternimmst soll eine Wendung zu Mir in sich tragen. Die Dynamik deines Denkens soll sich mählich vom Alltäglichen konstant zum Grenzenlosen hin bewegen, bis beides ständig seinen regulären

Platz vertritt in deinem mensch- und gottesfreundlichen Gemüte. Schaffst du es Mein Bild in dir ununterbrochen hochzuhalten baut sich ein Verhältnis auf von eins zu eins zwischen deinem unstet flackernden und Meinem ruhig leuchtenden Das-Sein-Erleben.

Niemand kann dich mehr aufs Glatteis führen in Bezug auf Seelensicherheit und Seriosität, Gründlichkeit und Himmelsglorie weil du dein Leben als erfüllt und wesenhaft, effizient und liebevoll betrachten kannst. Merke dir's, dass Ich dir ständig auf die Finger schaue und zwar, so sonderbar es klingt, durch deine eignen Augen die im höheren Sinn die Meinen sind voll glühendem Interesse an der Welt der Dinge wie an der der blühenden Unendlichkeit die sich dezent verbirgt im Offensichtlichen. Dennoch ist sie da, sodass man Ihren Duft und ihren Charme beinah mit Händen greifen kann. Sie beeinflusst dein Gedankenleben und versucht, es auf die gütige wie auf die trügerische Seite hinzuziehn. Du weisst das schon und gibst dir alle Mühe, auf der sichern Seite Meiner Wohlgefälligkeit zu stehn. Der Adel deiner Herzensmitte bricht sich mählich Bahn und weiss sich selbst in den subtilsten Situationen trefflich zu behaupten. Es öffnet sich vor dir das Ehrentor zum lichterglänzenden Elysium und du beschreitest eine Wesenswelt von Wohlgeordnetheit, Gekonntheit, Menschenfreundlichkeit, Glückseligkeit und götterlichtem Frieden.

4.16

Wolle nichts erhaschen, doch mit Ehrfurcht und Gelassenheit erbitten schon. Nimmst du das Leben locker und fidel kann Ich dir helfen es in jeder Situation gebührend zu beherrschen, ohne dich bei Fehlern und Vernünfteleien aufzuhalten. Meine Strategie des Lernens ist recht einfach: Schritt um Schritt solls vorwärts gehn und dein Bewusstsein soll von Fall zu Fall von Meinem soviel mitbekommen, als ihm nötig ist für den seinsgerechten Aufstieg hin zu Mir.

Du hast ja keine Ahnung davon, welcher genialen Überlegungen und Schritte es bedurfte, um den jetzigen Zustand in dir sachgerecht und effizient herbeizuführen. Die meisten Meiner auserlesnen Seinsretuschen führten zur Vertiefung und Verbesserung deines Lebensstils und konnten nicht in *einem* überwältigenden Schritt vollzogen werden. Viele kluge Geister haben schon an dir gewirkt, und bis zu deiner Seinsvollendung müssen wieder andere entwickeltere Geister sich an dir versuchen. Dein Selbstgefühl gewinnt Format und deine Eigenschaften nehmen ständig zu an Handlichkeit und Qualität.

Dein Stoffliches beginnt zu strahlen und die geistigen Aspekte werden durch gezielte Schulung professionell und seinsgediegen. In dieser Hinsicht habe Ich dir schon Unendliches voraus, derweil es dir beschieden ist aus eignem Antrieb immer mehr Substanz, Glaubwürdigkeit und Geistesgrösse zu gewinnen. Du bist Mein Werk, doch innert Generationen wird recht viel davon auch deines sein. Das mag dich tief erfreuen und Mich noch viel mehr, denn trotzdem sind es Meine Kräfte in erhabner Mission, und Meines Wesens Zauberspiel erlebt die wunderbarste Offenbarung in dem Deinen.

Das Eins und Einigsein kann letztlich von sich selber nicht geschieden werden und so ist und bleibt das Wesen der Allherrlichkeit in allem was da *ist* sich selber bis zum letzten, weisheitsvollen und erhabnen Seinsasyl.

4.17

Die Konstellation in die du inbegriffen bist kann nur von einem alles überragenden und supergenialen Wesen eingerichtet werden, das Ich Bin, mit allen Konsequenzen und Verfügbarkeiten. Du bist von Mir zu einem Sein von namenloser Qualität berufen. Deine genuine Saga soll es sein in Meinem Namen ganze Königreiche, kühn und unvermittelt, zu betreten um in ihnen Meines

Wortes silberhelle Perlenschnur und Himmelsgrazie zu verkünden.

Ist es schon recht schwierig Meine Thesen mit handfesten und plausiblen Argumenten vorzutragen braucht es noch das exzellente Beispiel, um im Volke eine veritable Wirkung zu erzielen. „Gott steh mir bei", sollst du beständig rezitieren und dich dabei in aller Form und Schicklichkeit von Mir geführt und angetrieben fühlen. Selbst wo deine Saat auf harten Boden fällt sollst du an ihrem Wert und ihrer Wirkung niemals zweifeln, denn es sei dir immer deutlicher bewusst: Der Herr hat es an mir getan.

Aus dem Rinnsal von Verständnis wird allmählich ein bewundernswerter Strom von echter Seinsbegeisterung, zu dessen Ufern selbst die Zweifler ihre Zelte tragen, um sich trotz ihrem Widerspruch für besseres bereitzuhalten.

Was ist Wahrheit, wenn nicht etw<u>as das für ewig unverrückbar in sich selber ruht und von</u> keinem superklugen Argument, noch von irgendeiner Giftelei hinweg bedungen werden kann. Und die Bin Ich, du magst es glauben oder nicht, und Bin es auch in dir als das Lebendige, das ungestüm nach vorne drängt zu neuen Ufern und Entdeckungen, Begriffen und Erkenntnissen bis tief ins Unergründliche hinein. Was willst du anders als in dieser Hinsicht mitzuziehn und deine Eigenheit hinaufzustilisieren Meiner Himmelsglorie entgegen. Nur in Mir wirst du Befreiung und Begeisterung am Sein erfahren. Es heben sich die Schleier vor den Lebensrätseln und du wirst inne, dass du Bist und bist in Mir ein Bijou der Beständigkeit, der Lebenswonne und des endlich doch erreichten Ziels.

4.18

Weder Willfahrt noch brachiales Missvergnügen hindern Mich daran die Kunst des schöpferischen Lebensdeutens auszuüben, angetrieben durch die reine Lust am Sein und am unendlichen Vermögen. Du wärest bass erstaunt, wenn Ich dir die Regelwerke und Verwandlungen belegte, die dich zu allem was du heute darstellst, ausgebildet haben. Aus Geistesfülle und genialem Stilisieren ist, was du dir Bist, von Mir entfaltet worden, allsolange bis du deine Finger rühren kannst nach eigenem Belieben. Merk auf wenn Ich dir sage, dass du auch heute noch ganz wesentlich von dem bestimmt bist, was Ich in dich induziere. Du lernst vom Leben das Ich Bin viel mehr als du dir je erträumen könntest. Eben Bin Ich im Begriff dein strahlendes Bewusstsein einer neuen Stufe der Vollendung zuzuführen. Damit bist du in der Lage deine Hintergründe zu erkennen die da Wesen sind des Aufbaus einer geistigen Struktur von wunderbar erhabenen Befindlichkeiten. Das macht, dass du dich immer freier fühlen kannst im Hinblick auf dein Handeln, nur bedenke du wie damit deine höchste Redlichkeit gefordert ist im Hinblick auf die kommender Gezeiten. Im Kern bist du von Mir bewohnt und kannst dich voll auf Mich verlassen in der Tage Drangsal und verheissungsvollem Wehn.

Somit brauchst du nimmer zu verzagen, weil Ich in allen Lebenssituationen für dich einsteh; du brauchst nur inniges Vertrauen in Mein Sein und Gütigsein zu hegen. Lebenslust blüht auf in deinen Seelengliedern sowie du Mich in dir erkennst und bald auch die Glückseligkeit ob der Gewissheit, dass Ich dir auf allerschönste Art das Himmlische verehre.

5

Wohlgemeinte Liturgie

5.1

Die Bedingungen des Seins sind klar: Du schenkst Mir deine Redlichkeit und dein Vertrauen und Ich beschenke dich mit allem was dir nottut dich zur innigen Herzensfreude zu bewegen. Ohne des Verbundenseins Kaliber und Magie kann dir nur wenig bis gar nichts gelingen in deines Lebens wohlgemeinter Liturgie. Willst du aber ohne jeden Vorbehalt bewusst und tapfer zu Mir stehn, nimmst du teil an der immensen Seinsverwandlung die Ich seit Äonen allweit inszeniere. Das Wörtlein „ohne Mich kannst du nicht sein", ist kein unvernünftiges Blabla, sondern offenbart die einzigartig dargestellte Wirklichkeit, die Ich als Geist vom Geist und Sein vom Sein mit aller Vehemenz und Tüchtigkeit vertrete. Schwenkst du auf Mein Niveau und die damit verbundene Natürlichkeit mit voller Überzeugung ein, gelingen dir die satt`sten Pläne und Erbauungen, leicht beschwingt und siebenfach erwogen. In Meines Seins Geselligkeit und Andacht einbezogen fühlst du dich im Wesensgrunde wohl und darfst von dir behaupten, dass das Leben dich beglückt und dich mit Freuden überschüttet von frappanter Unerschöpflichkeit und genialem Seinsgehaben

Aus Meiner Mitte brichst du niemals wieder aus ohne Mich dabei zu haben, was dir den Erfolg und die Belohnung garantiert für deine tiefgegründeten Vollzüge. Es ist ein muntres Auf und Ab und Hin und Her in Meinem Reich und Reichtum zu verzeichnen das für beste Unterhaltung sorgt und für das Wissen, dass damit das Wohl der Welt aufs Tüchtigste befördert wird nach Göttermassen. So delegiere Ich, was allen frommt, an alle die Mir helfen wollen eine Welt des Friedens und der Einsicht, der Beständigkeit und der Beglückung einzurichten und in ihrem Seinsgefühl bis ins Unendliche zu tragen.

5.2

Auf den Punkt gebracht verkünde Ich das Überragendste, Intimste und Beschaulichste das man verkünden kann, indem Ich Meines Götterseins Bewandtnis liebestrahlend offenbare. So etwas wie der Herr vom Himmel darfst du sein, wenn dich die Schau auf was du Bist ergriffen hat und dein unendlich kleines menschliches Kaliber geradezu ins Nichts versinkt vor dem Erhabenen, Gottseligen das wie die rosenrote Lotusblume in dir blüht und das Arom der Göttlichkeit an alle Welt verströmt. Wer darf sich friedevoll und lauter, majestätisch und erhaben nennen, wenn nicht der Verklärte von des Weltenseins Bewusstheit und Regie. Es legt dir Zeugnis ab von der verheissungsvollen Grazie des Himmels die hinter jedem noch so dürftigen Wesen sich als Initiator und Beförderer postiert. Auch du bist effektiv von dem ergriffen was sich Sein nennt und welches zu entdecken allen frommt die sich mit Würde, weidenschlankem Wanderstab und liebevollem Herzen auf den Weg der Tugend und tiefinnigen Beschaulichkeit begeben.

In diesem Sinne spricht in dir das Es, von dem dir nichts bekannt ist was als greifbar existiert, das jedoch alles wirkt und wertvoll macht, lebensfroh und goldgediegen was da *ist* und in sich selber seinen Wert vertritt mit sagenhaftem Mut und Lebenswillen.

Händ und Füsse hat was Ich kreiere, deponiert der Geist der himmlischen Gerechtigkeit vor allen Seelen die ihn voller Sehnsucht in sich suchen. Es ist das traulichste Geschäft dem du dich weihen kannst und das dich auch am Innigsten beglückt, wenn es dir vorteilhaft und segensvoll gelungen. Die Tour ins Götterreich ist jedem dringlich zu empfehlen, der an etwas knorzt in seinem Leben und dem die Weltendinge alles andre als geheuer sind in seinem Drang nach Klarheit, Wertbeständigkeit und Harmonie.

5.3

„Ich lebe, doch dass Ich auch leblos *Bin*", ist die fabelhafteste Erkenntnis die dir je zuteil und zur intensen Freude werden kann in Meinem Liebesgarten. Die Brücke zu Mir war schon immer felsenfest geschlagen, nur konntest du es nimmer wissen, weil dein Bewusstsein noch versiegelt wie im Schlafe lag. Doch nun beginnt es mählich zu erwachen um dereinst begeistert und beglückt in sich die volle Herrlichkeit des Herrn zu sehn. Die hochsensiblen Ordnungen der himmlischen Gefilde werden vor dir offenbar sowie die fabelhafte Seinsgestimmtheit der beglückten Geister um dich her.

Du fühlst dich mitten unter ihnen und siehst sie ständig wirken auch in dir und deinem fabelhaft getrimmten und bewundernswerten Wesen. Alles stimmt, was du dir Bist in der Erfüllung Meines hochgebenedeiten Willeseins. Den Zeitkalender gibt es hier nicht mehr. Das Ewige vergisst sich in sich selbst und gibt sich ohne je in Aktion zu treten der liebevollen Grazie Elysiens dahin im unendlichen Empfinden göttlicher Holdseligkeiten.

Du bist zum Ursprung deiner Selbst in erster wie in letzter Konsequenz geworden und erstrahlst in einer Dichte des Gefühls von namenloser Zartheit wie von Unbestechlichkeit im absoluten Reinen. Die Gesetze der profanen Welten gelten hier nicht mehr, weil alles aus sich selber höchste Rücksichtnahme, Traulichkeit und Liebe generiert in der Alleinheit grenzenlosem Geisteswogen. Licht vom Lichte, Sein vom Sein ist die berückende Parole die dich unaufhörlich und gekonnt umspielt, um dich dem Wesen der Unendlichkeit vollends anheim zu geben.

5.4

Lobesam und allumfassend sind die Züge Meines Wesens eingebettet in des Seins unendliches Gefieder. Präsentiert wird was Ich Bin durch feine Gesten die die Hintergründe allen Lebens unmissverständlich offenbaren. Ich zeige auf wie viel an der Gemeinschaft liegt die alle Menschen miteinander pflegen sollen. Wie du siehst sind die Verheerungen frappant, die Gegensätzlichkeit bewirkt und die vom Streben nach erbarmungsloser Macht, wie aus Gewinnsucht resultieren.

Willst du Gedanken höherer Ansicht pflegen halt Ich diese schon für dich bereit damit sie dir umfassend nützlich seien ohne jeden Zeitverzug. Mehr als die Wahrheit kann es selbst für Mich nicht geben. Doch diese würdig zu vertreten ist auch dir zum Pfand gegeben und für die verkündet die zu wissen glauben ohne noch im Mindesten in Mir verankert und von Mir geführt zu sein. Jene aber die es sind vermögen alles zu verändern was da *ist* und was sich modulieren lässt aus wohlbewussten Gründen.

Trittst du an Mich heran so will Ich dir's zuallererst nicht glauben, dass du's ernst meinst mit dem Neubeginn in deinem Leben. Doch wenn du insistierst verleihe Ich dir eine wahre Flut von überirdisch präparierten Gaben. Sie nähren dich auf ganz besondre Weise mit diversen Gaben geistiger Natur die dich beglücken und mit Wohlbekömmlichkeit versehn.

Das Niveau deines Seins und deiner Taten nimmt beständig zu und bewährt sich in den Höhen überragender Empfindsamkeit und Wohlbekömmlichkeit am Sein und Leben. Die Züge göttlicher Prägnanz und Seinsbewusstheit prägen sich der Seele unauslöschlich ein und lassen sie an ihrem Sein und Sinnen mählich selig werden.

5.5

Ausgerechnet du bist von Mir zum Erleben höchster Seligkeit berufen, derweil sich deine Lebenslage mählich ändert zauberhaften Wirklichkeiten zu. Glaube Mir wenn Ich dich dahin informiere, dass dein Wille zu Veränderungen unbedingt erfüllt und respektiert wird, wenn er Meine Züge trägt und Meinen Segen fürs beglückende Geratewohl. In Meiner Hemisphäre gibt es kein Versagen und Verzagen. Alles nimmt den Lauf des fantasiebegabten Planens, dem Ich Mich seit jeher mit Begeisterung gewidmet habe. Jeder Meiner Sätze ist für sich gesehn ein Lehrsatz des Vollendens einer feingesponnenen Idee auf einem Lebensschauplatz den Ich Mir erwählt und gutgeschrieben habe. Es könnte sein, dass dein Gedankenleben von Mir auf den letzten Platz verwiesen worden ist, weil es zuwenig taugt um wirklich attraktiv und effektiv zu sein im Sinn der Wirklichkeiten die es soll gebären. In diesem Falle ist es unbedingt vonnöten, dass du es mit Meinem in Verbindung setzest um es gebührend aufzufrischen und ihm damit den Touch der Folgerichtigkeit und Raffinesse zu verleihen.

Ich rate dir Mein Beispiel völlig als das Deine anzunehmen und konsequent nach ihm zu handeln in des Lebens oft so brachialen Niederungen. Du wirst bald einsehn, wie vernünftig und loyal Ich dich mit dem bediene was dir nottut und was deiner würdig ist im Andersartigen.

Unverkennbar ist der Geist der Stärke und unendlichen Entschiedenheit der aus Mir spricht und dem du dich vertrauen kannst, so wie es zu aller Zeit die Meister im Vergüten Meines Werks getan und höchst erfolgreich dabei waren. Dir wird es ebenso ergehn und deine Tage werden sich in Seinsglückseligkeit, Allliebe und gottseliger Gerechtigkeit vollenden.

5.6

Vermeide es auf deinem Recht und guten Glauben zu beharren, denn dies könnte in ein Unrecht münden, wenn auch andere dasselbe tun. Beeile dich allein *dem* Glauben zu gewähren, der Ich Bin der Inbegriff des Wissens und der Weisheit in allen Daseinsregionen. Du brauchst nur eines nämlich: Meines Seins gewiss zu werden über dir und unter dir, allüberall und vorzüglich auch in deines

Herzens Sanktuarium. Lässt du Mich ans Steuer muss die Fahrt auf jeden Fall gelingen und sei es nur ein kurzes, biedermeierisches Hüpfen oder ein ereignisvoller Gang durch viele Inkarnationen. Ich schaffe Güte und Gelassenheit für deines Lebens Lauf heran und Bin Mir vollends klar darüber welche Ingredenzien sich akkurat für deinen gloriosen Fortgang eignen in der so bedeutungsvollen Weltkultur.

Jede Zeit ist für dich günstig dich in Meinem Sinn zu profilieren und dabei das Beste was es gibt aus dir herauszuholen nämlich: Das gottselige Bewusstsein von der Wirklichkeit des ewigen Lebens das dir innewohnt als Sein von Meinem universenweiten Existieren. Was Ich dir hinter beide Öhrchen schreibe ist: Das Ungetrennte dominiert und die einander trennenden Begriffe müssen allesamt im Zeitlauf untergehn. Was bleibt ist eine unité de doctrine von enormer Wucht im Leben, eine Schöpferkraftparade von begeisterndem Elan die von Mir ausgeht und zu Mir zurückkehrt mit allem was da *ist* im myriadenfachen Seinserfahren und Sich-in-der-Tat-Bewähren alleweil an Meines Universenseiens Hofe.

Mein Duktus liegt auf Selbstbesinnung und Barmherzigkeit am lebelangen Ringen um der Seinsbewusstheit Ideal, sowie dem Mich-Verströmen an das Weltenwesen aus des Geistseins silberhellem, liebevollem Schoss.

5.7

Ich schaffe, doch im Sinn der Evolution die alles einfasst und umzingelt mit enormer Virtuosität und liebevoller Heilkraft durch den Werdegang der Millionen. Eine Schicksalswoge, einmal von Mir angestossen, muss auf ewig weiterrollen Meinen sagenhaften Zielen zu. Das ist ein Tatbestand vor dem dir grauen könnte, doch in Meiner Perspektive ist es pure Seinsentfaltung höchst gedankenvoll und selbstbewusst, majestätisch und in jeder Hinsicht gottgediegen.

Immer weiss Ich was ich tue, neue Welten formend nach dem Alphabet der strömenden Erfahrung wie nach den schlüssigen Erfolgen die sie zeitigt. „Bis zum Gehtnichtmehr", ist hier kein Thema, denn die Seinsdynamik produziert mit nie gebrochnem Schwung enorme Kräfte die ihr Weiterwallen garantieren.

Du bist ein Gran in diesem Kontext schon für immer ohne dass du ihm entrinnen kannst. In diesem Sinne kann dir weder Tod noch Teufel weiterhelfen. Die Erkenntnis jedoch, dass dich Meine Kräfte stets zum Guten und zum Besseren führen tröstet dich im grossen Stil wie in der Freude über jegliches gottseliges Gelingen. Evolution ins Wohlgesittete, Beglückende und Seinserhabene kannst du wohl leben lassen, und vor allem weil sie eingebettet in die Einheit allen Seins geschieht. Ihr grossformatiges Gehaben schafft stets neue, grandiose Entitäten, deren Klang den Universenraum durchdringt in nie verebbender Manier.

Mein Bewusstseins Unterfangen fängt geflissentlich Allweiten ein, um ihnen Meine Referenz und Mein Bewundern, Mein Behüten und unendliches Begüten hinzuhalten. Das schafft ein Milieu des Wohlbefindens aller geistigen Potenzen die mit jeder anderen hinunter und hinauf in holdselig scintillierender Beziehung stehn.

5.8

Ein Mantra von gottseliger Geschicklichkeit will Ich dir unters Näschen reiben, dass du ob seinem wunderbar geschniegelten Arom den Sinn fürs Göttliche erlangst in deinem naturellen Höhwärts-Streben. Die Zeit verlangt, dass dein Bewusstsein sicherlich mutiert einem götterlichten Wachsein unbedingt entgegen. Es wird dir selbstverständlich, dass du die Bedingungen des Lebens männiglich durchschaust und ihnen absolute Klarheit abgewinnst über deinen Zustand in den so menschlich angehauchten Niederungen.

In Meinen Augen fällst du auf als einer der's geschafft hat Blicke in das Götterreich zu tun, in welchem sich die Präsentanten einer hohen Seinskultur respektvoll, hilfreich und beglaubigend die Hände reichen. Es herrscht Verständnis der verschwieg`nen Art das ohne viele Worte auf das Wesentliche kommt, um es in voller Klarheit vor dem Seelenauge darzulegen.

Da gibt es Meister ihres Fachs die aus der Steigerung der Klarsicht ihres Herzens überragenden Gewinn gezogen haben. Ihre Sicht auf das Allgöttliche vereinigt alle so diversen und diffusen Sichten, die da *sind,* zu einer einzigartigen die alle Meinungen und Sachverstände kulminieren lässt im Wort „Ich Bin", das fortan gültig ist für alle Götter- wie die Menschenwesen. In dieser höchsten Plausibilität sind weder Konkurrenz noch Kleinmut, Abschätzigkeit und Neid zu spüren. Es gibt nichts Simpleres im Wortspiel, um das Zeitenlose und Unendliche prägnant und würdig zu bezeugen. Wer kann das erfunden haben? Ich allein, das Sein, dem alle noch so viel gerühmten Redner, Schwätzer, Sachverständigen und Delegierten zweifellos zu huldigen haben.

5.9

Nichts ist belanglos was dir so begegnet in des Schicksals Kraft und Definition. Ich hab es für dich auserlesen in der Absicht dich mit aller Vehemenz zu stählen in Bezug auf Seinsvertrauen, Loyalität und Unermüdlichkeit Mir gegenüber im berühmten Geisterreich von Gottes silberhellen Gnaden. Beginnst du diesem Umstand seinen hohen Wert und seine Nützlichkeit für's Leben zuzuschreiben, fasse Ich dich auf ganz andre Weise an und halte darauf, dass die Bindung zwischen dir und Mir an Innigkeit gewinnt und damit auch an Effizienz in Sachen wohlgestaltetes, blitzsauberes und allgemein geschätztes Alltagsleben. Das Ungewöhnliche an dir blüht auf und du veränderst dich im Mass mit dem Ich mit dir Umgang pflege. Die Offenbarungen die Meinerseits vor dir erscheinen, begaben dich mit zukunftsträchtigen Ideen die sowohl dich wie eine ganze Menschheit in verträglichere und konstruktiverere Regionen führen. Es ist ja paradox, wenn das von Mir so minuziös und clever Aufgegleiste nicht dort hingelangt wo Ich es vorgesehen habe. Verspätungen und ungelenke Fahrten sind schon lange in die Menschheit eingebrochen und haben dabei manches Feld verwüstet das vordem für den Klang der Edelmütigkeit und Reinheit der Gedanken vorbereitet war.

Hast du dich für das entschlossen was Ich weltweit und für jedermann verbindlich will, so füge Ich dich in die Reihen derer die mit höherer Bewusstheit und Rendite für das Exquisite kämpfen, das sich auf der Linie Meiner Absicht frohgemut und hochbeglückt bewegt. Ich weiss den Sieg schon immer ohne jede Findigkeit auf Meiner Seite und verkünde deshalb alles, was dir und dem Weltsein frommt, mit absoluter Überlegenheit und Willensstärke, Genialität und Schöpferkraft, die das Universum zur Glückseligkeit und Einheit aller Seinsgerechten führen.

5.10

Ich liebe es glasklare Fakten auf dem Tisch zu sehn, die in eine hochentwickelte, verlässliche, solvente und beschwingte Zukunft weisen. Bei der markanten Vielfalt der Erscheinungen die Ich am Laufband produziere, musst du dir eine punktgenaue übersichtliche Klassierung aller Weltendinge schon gefallen lassen. Das Schwammige, Undisziplinierte und Zerfahrene ist mitnichten Mein erklärtes Ziel. Somit hast auch du dich strikte an die Seinsgesetze und Verfügungen aus Meiner allerersten Hand zu halten. Durch die Einsicht in Mein artenreiches, quicklebendiges Brimborium sollst du dich zu ebensolchen Leistungen und Innovationen, fulminanten Seinsverbesserungen und Erfindungen bemüssigt fühlen. Dem Wissenschaftlichen verpflichtet, werden dir die Rätsel des Natürlichen von Fall zu Fall plausibel und bis ins letzte Detail offenbar. Mit der Zeit ist deine Sache massgeschneidert und identisch mit der Meinigen geworden. Du wirst dir inne, dass zwischen dir und dem Gesetz der spirituellen Hintergründe nicht der geringste Unterschied besteht. Du bist das *Es* das Ich in allem Bin und offenbarst beständig was Ich Mir in Meiner seinslimpiden Genialität erdenke.

Der Drang nach Nachwuchs dessen was Ich Mir beständig Bin ist heutzutags besonders gross und darf von dir nicht übersehen noch behindert werden. Auch du hast deines Seelendrängens Pflichten auf's Präziseste und Ausgeklügeltste, Konformste und Manierlichste vor aller Augen zu erfüllen und darfst vor Meinen strengen Blicken keinenfalls in Not geraten. Beständig führe Ich dir neue Quellen simultanen Wissens zu und benetze deines Seins Gefieder mit den Wassern der Unendlichkeit an denen du für alle Zeit und Zonen schliesslich zur Glückseligkeit genesest.

5.11
Melodien der Holdseligkeit und Gottesminne lass Ich dir ständig durch's geschäftige Gemüte fahren. Nimmst du sie auf und spintisierst sie weiter, subsummieren sie sich bald zu einem philharmonischen Geplänkel von erhabener Geschmeidigkeit und fabelhaftem Sich-Verströmen. Nun gut, Lebendiges will unterhalten sein und Rarem stärke Ich den Rücken, damit es sich beizeiten auf dem Kunstmarkt etablieren kann mit seinen siebenfältig inszenierten Kapriolen.

Beginne du zu überlegen, ob sich für dich eine Schulung lohnt im Fach vollendeten Begreifens deiner Lebenssituation als menschengöttliche Monade. Du Bist und kannst dich deines Daseins erst so recht erfreuen, wenn du auch weisst wie sehr Ich dich ohn' Unterlass behüte als Mein vielgeliebtes Kleinod und Kompendium der trefflichsten Ideen, die Ich in dir und deinem Sein verwirklicht habe. Du bist dir wohlvertraut als Mensch in deinem Selbstbewusstsein und Allotria, als Sein von Meiner Rasse, Überlegenheit und Meinem gottbegnadeten Genie. Jedoch bist du bislang nicht fähig, dich vor dir selbst zu offenbaren. Ich aber weise mit dem Zeigefinger auf die Stellen in den alten Schriften hin die eben das bezeugen was du endlich sein sollst im bewussten Überlegen, Reagieren und Agieren als im Seinsgewissen etabliert und allerbestens aufgehoben.

Mein Votum ist dir völlig zugeneigt und Meine Sache hat sich längst zu deiner stilisiert. Du brauchst dir deiner göttlichen Entschiedenheit nur inne und bewusst zu werden. Sehr bald wird das an dir geschehn, du brauchst nur aufmerksam auf deine feinsten Regungen zu werden, die von Mir angeschlagen sind und sich durch dich in aller Welt verbreiten sollen als des Gottes Güte, Seinsgelassenheit und liebevolle Solidarität mit allen Wesen in der Einheit und Verbundenheit mit Meiner Seinsmagie.

5.12

Bist du in deinem Sein so weit gediehen, dass das Festliche, Vollgläubige und Gottergebne dominiert, darfst du in Meinen hochsensiblen Geistesgärten munter vor dich hin spazieren. Du kümmerst dich nicht mehr um viele Dinge sondern nur noch um das eine: Mir zu gefallen wie die junge Braut dem frischgebacknen Bräutigam gefällig ist und wie der Seinsbegnadete sich als in Mir in seinem Ruhme badet ohne im geringsten etwas andres zu erstreben.

Du kannst, wenn du nur willst in Meiner Kutsche fahren und darfst die Rosse lenken dorthin wo es immer dir beliebt. Doch eines darfst du dabei nicht vergessen, dass wir völlig eins sind in der Bruderschaft der Sterne und des wunderbaren Seinsgefühls das uns zutiefst beseelt.

Wir *sind* und dürfen es uns selber tausendmal am Tage sagen bis es uns in allen Knochen sitzt und uns vergeistigt, so wie es die Himmelsgeister, die wir Götter nennen, immer haben wollten.

Du wertest aus was Ich dir zugeschoben habe und wirst damit Experte in des Seins Bewandtnis und Befehl, Grossherzigkeit und Überlegenheit, Natürlichkeit und reinem Selbstempfinden.

5.13

Meine Gebote sind nur Angebote nach denen du dich richten kannst, um dabei in deinem Sein enorme Wohlbekömmlichkeiten zu geniessen. Befasse dich mit dem was droben ist, dann wird das Untere dich nimmermehr betrügen. Der Prophet sieht wunderbarerweis das Eine in das Andere überfliessen. Näherst du dich Meinem Universendenken und Gefühl ist dir das Kommende kein wohlverschlossnes Rätsel mehr. Was du erkannt hast kannst du ändern hin zum Allerbesten für die Lebensqualität, Beliebtheit wie für das Symbol für adäquates Leben und geschliffene Manieren.

Bist du ganz auf Meiner Seite schaust du die Welt mit Augen eines Gotterfüllten an und traust dir zu in Mir als ein Paradestück des Seinsvertrauens und der Menschenliebe sinnvoll und galant in deinem Lebenskreis zu wirken. Du verbreitest eine Aura steten Wohlgelingens das Ich dir noch so gern gewähre und bist zudem ein Beispiel seelenvoller Dominanz aus welchem Götterruhe, Heiterkeit und Grazie des Himmels strömen. Was immer du beschliessest ist in Mir beschlossen, wo du selige Erlösung wirkst ist sie im Universensein erworben und von diesem unterhalten, wonnevoll gehalten und für's Ewige mit ihm vermählt.

5.14

Bist du allein für Mich verfügbar füg Ich deinem Willen Meinen zu und lass dich damit seinsgeschmeidig, lebenstüchtig und unendlich gütig werden. So einfach und brillant sind die gediegenen Gesetze der Natur, dass du sie ohne jede Skrupel auch für dich verwenden kannst. An sich schon sie sind dir ein unverzichtbar sich'rer Halt im Leben. Doch erreichst du mit dem tätigen Befolgen Meiner Regeln noch viel mehr. Du stellst deine Kräfte in den Dienst von Meinen und bewirkst damit Unendliches in deines Lebens Vabanquespiel und Schokolaterie. Ordnung folgt auf Ordnung, und die Gewissenhaftigkeit in deinen Zügen offenbart Mein Seinsgewissen, das in gottseliger Erhabenheit die Welt regiert und sie im Stande blitzendreiner Unschuld und Behaglichkeit erhält. Deinen Einwand, dass es bei dir anders sei, lasse Ich nicht gelten, weil die Gefilde der Bewusstheit haargenau nach diesem ehernen Prinzip ihrem Part auf's Trefflichste genügen.

Meine Sendung ist es demnach, deines Überlegens Vielgestaltigkeit geschickt zu Mir emporzuheben um in deiner Lebenswelt mit angemessnen Zügen Harmonie und Frieden, Güte und Gelassenheit zu etablieren. Von Meiner Weisheit eingefärbt vollbringt die Deine wahre Wunderwerke an vernünftigem Begehren, gnadenbringendem Verzicht und überragender Gewissenhaftigkeit in Sachen redlichem Verkehr im Sozialen wie vertrauensvoller Hingeneigtheit im erhabnen Götterreiche zu den Meinen. Siehst du das Programm und das Geschehen deines Lebens ohne jede Ungeschicktheit feierlich an dir vorüberziehn, so wirst du jedem fragenden Gemüte deine ewige Heiterkeit und deines Lebens Wonne ohne weiteres mit überzeugender Bestimmtheit attestieren. Du bist Gottseligkeit an sich im Universensein geworden und stehst vor aller Welt als Held und Heiler da im silberhellen Strom der Ewigkeiten.

5.15

Wie stehst du da Mein vielgeliebtes Menschenkind, auf's Mal in Meinen Bann gezogen, um darauf den Tanz des

Lebens voll Begeisterung nach Meinem Götterwillen darzustellen. Realitäten zu erkennen konnte bislang kaum zu deinen leidenschaftlichen Beschäftigungen zählen. Vielmehr du dümpeltest wie eh und je in einem Dunst von Illusionen vor dich hin, die dich galant und penetrant am Wickel hielten. Gerade das zu ändern steige Ich beherzt und unermüdlich auf die Barrikaden und reisse nieder was dich hemmt auf deinem Gang zu Mir und Meinen Rechten an dem weltenwirklichen Gefüge. Was hinter den Erscheinungen verborgen ist tritt im Gefolge Meines Auftritts glasklar und markant hervor und kann jedermann von seiner Seinssubstanz und seiner Echtheit überzeugen.

Es tut dir gut darüber nachzusinnen was du Bist in deines Wesens tiefgefasster Plausibilität von Meinen Gnaden. Du wirst ja nicht von dir behaupten wollen, dass du wie der berühmte Phoenix aus der Asche auferstanden bist zur Vollkraft, Grazie und Würde deines Menschenlebens. Das habe Ich in millionenschwerer Einzigartigkeit, Geduld und Prestigeträchtigkeit besorgt um Mich vor Mir selber als ein Spiegelwunder, Tausendsassa und entzückendes Idol der Göttlichkeit zu präsentieren. Geht dir das ein so musst du dich Mir gegenüber auf's Intimste und Geselligste verpflichtet fühlen. Deine ungezählten kapitalen wie auch dilettantischen Affären sind ein haargenaues Abbild von den Meinen. Oben ist wie unten, unten muss wie oben sein geht aus dem sinnigen Philosophieren der bedeutendsten der Menschengeister klar hervor. Im Bewusstsein dieses götterlichten Wertes darfst du dich als Meinesgleichen sehn und dich in der Barmherzigkeit und Liebe ganzer Göttergenerationen wiegen.

5.16

Nach dem was droben ist zu trachten sei das Edelste der Werke die durch deinen Geist und deine Hände fliessen. Was immer Ich dir rate bringt dich im Unendlichen voran und wessen Ich dich zeihe ist, dass du schon seit Urzeiten dem Unendlichen gehörst, aus dem Ich dich ins Weltenwirkliche gezogen. Damit wäre die Geschichte deines Hierseins schon komplett erzählt, wenn du sie nicht durch hunderttausend Schnörkel wesentlich verkompliziertest. So wird daraus ein Epos von unendlich vielen Variationen des verehrenswerten Themas das da heisst: Ich Bin, du Bist und alle beide *sind* vom selben Schrot und Korn und haben sich in diesem Punkt nichts vorzuwerfen. In Bezug auf Macht und Wille, Wohlverstand und Sitte lass Ich Meine besten Kräfte zu den Deinen fliessen um dein Miniaturenreich zu dem zu stilisieren was Ich im Geisteskosmos längst verwirklicht habe.

Erbaust du dich an Meiner Grösse wirst du selber seinsbedeutend und markant, mustergültig und auf's Äusserste geschätzt in deinen Rängen. Das Ansehn vor dir selber wächst ins Unermessliche empor und vollendet sich in der Erkenntnis, dass du mit Mir eins bist als getreuer Träger einer Seinsstruktur von himmelweiten Gnaden, wie von der Beseelung durch das Göttliche das aller Welten Wesen liebevoll durchwebt.

So ist Mein Sinnen dir anheimgegeben als der Inbegriff der Weisheit die dem Leben Sinn verleiht und Modulation, Zukunftsträchtigkeit und Schönheit schöpferischen Webens. Du gewinnst was Ich an dich verloren habe und Ich gewinne eine Perle in dem Acker Gottes den Ich mit sagenhafter Sorgfalt kultiviere und mit unermessnen Freuden übersä`.

5.17

Die Delikatesse Meines Wesenseins in dir ist ohne Beispiel im begeisternden Erscheinen. Ohne Meinen Beistand wärst du wie ein Schuhwerk ohne Sohlen, eine blätterlose Palme und ein Kiffer ohne Tobak rettungslos verloren. Die Güte Meiner Gegenwart jedoch verwandelt dein Bewusstsein in ein Aperçu von Meinem Wesen, das

Instinkt und Redlichkeit sowie entschiedenes Vertrauen in Mein Dasein offenbart. Das Geringe an dir wird Stuf um Stufe von Mir angehoben, bis die von Mir gewünschte Qualität des Daseins und des Wirkens wohl erprobt erreicht ist im Geschlängel deiner Eskapaden. Das Wissen um Mein systematisches Belehren, Prüfen und Vollenden deiner gottbegnadeten Persönlichkeit erfüllt dich mit natürlicher Begeisterung am Sein und Leben. Dein Momentum wird zu Meinem und dein Überdauern schliesst sich Meinem konsequent und innig an, womit dir weder Fehltritte noch irgendwelche anderen Blamagen möglich sind in deines Daseins wetterfestem, vielbewunderten In-Dir-Bestehn.

Was immer an dir glänzt ist ein goldgediegner Abglanz Meines Glänzens; was dich hinaushebt aus der Masse trägt den Stempel Meiner Dignität und wohlbewahrten Würde die das Sein gewährt in mustergültigen und wohldotierten Freundesgaben. Um was dir so geschieht brauchst du nun nimmermehr zu rechten, weil es stets das Rechte ist, aus Meinem Gnadenschoss geflossen. Du hast nur willig deine Hände hochzuheben, um es zu erbitten und Mir, was dir nottut, innig und gehörig vorzutragen. Von innen motiviert ist was dann äusserlich erscheint als hitziges Gerangel oder als beseligende Friedefertigkeit, die ebbt und flutet, scintilliert und endlich still den azurblauen Himmel spiegelt der sich für alle Zeit und Zartheit über dir erhoben.

5.18

Du bist aus allerbestem Holz geschnitzt will Ich dir sagen, denn alles was von Mir kommt atmet höchste Qualität und strotzt von Leben und bewundernswerten Taten. Zu Wasser und zu Lande, in den blauen Lüften wie im Geisterreiche rollen alle Lebensdinge voll Elan der exquisiten Seinserhabenheit entgegen. Du magst es drehen wie du immer willst, Ich weiss Mir aus profunder und äonenträchtiger Erfahrenheit in jeder noch so heiklen

Situations auf's Überragendste zu helfen ohne jemals Meine Seinsdynamik zu verlieren. Wann immer es vonnöten ist, lass Ich Meine Gotteswinde los um die Gründe Meiner Gottnatur zur makellosen Geltung und Bewusstheit ihrer selbst zu bringen.

Was bei dir mit Rührung, tiefem Ernst und Engagement geschieht, entspinnt sich Meinen Händen leichthin und beschwingt als wäre alles nur ein Spielchen, um den Sommersonnennachmittag auf's Wohlgelungenste zu krönen. Einmal muss es deinem Hort und Fürstenhofe auch gelingen Meiner Disposition gemäss agil und merkantil, evident und ewig juvenil zu sein. Dein Trachten stilisiert sich dann so weit, dass es sich selber immer wieder überflügelt, um mit neuen Seinsideen und Errungenschaften höchstes Lob von Meiner Seite einzuheimsen. Das gewährt dir eine Seligkeit von unerhörter Sanftmut, Lieblichkeit und Poesie, von der du nach Belieben zehren und dich in ihrem Dufte wiegen kannst. Unbeschreiblich ist die Wohlfahrt Meiner seinsbegnadeten Gefilde die von nichts bedrängt und doch mit allem was du willst begabt sind, ohne jeden Anspruch auf Entschädigung und Kompensation. Du bist in dem was Ich genauso Bin ein Glied des Glücks der Einheit aller Wesen, Dinge und Gewalten und erfährst dich selbst als seinsvollendet in der Weise göttlicher Brisanz mit ihrem lichterfüllten, wonnevollen Sich-Verstrahlen.

5.19

Keine Macht des Schicksals kann sich Mir entgegenstellen wo sich Meines Schreitens Wehrkraft, Resonanz und Wucht manifestiert, denn alle waltenden Gesetze stehen Mir zur Seite, weil Ich sie kreiert und mit gottseliger Weisheit ausgestattet habe. Wieso denn traust du dich nicht Meine Hilfe voll und ganz herzinnig zu erbitten? Ohne ihren Einfluss bist du nichts, doch mit ihm alles was du dir nur wünschen kannst in deinen vielverzweigten Dispositionen. In Bezug auf Mich geht es wie eh und je um nichts und alles, denn Meine Liebesgaben sind mit ewigen Werten durch und durch begabt, wogegen das was du zum Ganzen beiträgst, leichtgewichtig ist bis zum Versiegen.

Anerkennst du Meines Schöpferwortes überragendes Profil und schätzest du den meisterhaften Stil in seinen götterlichten Rängen, hilft dir nur schon *das* grundsätzlich und verehrenswert gediegen. Bist du dazu aber von der fulminanten Kraft, das es verströmt, zutiefst und heftig überzeugt, so wird es dich mit Garantie in seine Gotteswürde dirigieren. Du gewinnst damit im Fluge, was du einst verloren, und findest Labsal, Stillung und gottselige Gelassenheit in jedem noch so penetranten Weh. Das Innigste was Mir gehört will Ich dir als Brautgeschenk vertrauensvoll vergeben. Du erzitterst und errötest ob dem liebesanften Ton mit dem Ich dich begabe und fühlst dich leichthin wie in alle Himmel aufgehoben. Das ist Mein Konzept, und sicher nicht zu deiner Schande, Meine Fügung die sich als ein Schutzwall um dich breitet, dir zum Element der Wonne und Begeisterung am Sein und Wirken nach dem Mass der Gottheit der du dich in guten Treuen höchst vertrauensvoll dahingegeben.

5.20

Minister und Ministerin von eignen Gnaden sollst du werden im Erkennen deiner heiligmachenden Berufung ins allgöttliche Revier. Soll es denn sein, so sei es stets mit Mir, in Mir und mit dem Segen Meiner Vaterhand getan. Du müsstest ja so dankbar sein für jeden Wink den Ich dir liebevoll vergebe und hättest alle Ursach Mir in ewiger Treue anzuhangen ob dem vielen das Ich dir gewähre und vergebe, gestatte und auf's Innigste bedeute in den Zeiten und Gelegenheiten dir so nah zu sein wie nur das Innesein es traut und lieb vermag. An deine Wachheit will Ich appellieren, dass sie dir stets zur Stelle sei, wenn du versucht bist deine Pflichten zu versäumen und dem Zügellosen anzuhangen. Hoch über allem steht Mein Stern der Wahrheit und des seinsgerechten Handelns, der spontanen Redlichkeit sowie des Schweigens, wie die Weisheit es gebot. Ich spende Kraft und Güte wo die Schwäche noch vorhanden und belohne Treue mit des Himmels lichtem Strahl. Du schwimmst in Gnaden wenn du ihrer sichtig wirst und kannst von Meiner Wohlfahrt zehren jederzeit, weil Ich sie ständig dir gewähre.

Ich leite unablässig deinen Sinn nach Meinen Massen und fasse aller Güte Sein in eins zusammen um dich damit in den Wohllaut und die Wiederkehr Elysiens zu führen. Deine Stätte ist bei Mir, und nie woanders sollst du wohnen. Deine Lind`rung ist Mein Werk in deinem Busen und Meiner Innigkeit in dir entspriessen die gefälligsten der Rosen.

Das ist Mein Wahrspruch an dein Sehnen und Mein Dank für jede Regung reiner Tugend die du in dir spürst und die dir Meine Schönheit offenbart.

5.21

Der Gesandte Gottes ist in Licht gewandet und versieht sein Werk mit der Gebärde himmlischen Genügens und Verfügens in der Zierart köstlichen Geschmeides das die Gottheit ihm gewährt. Geistesreichtum ist vom weltlichen markant verschieden und darf gehortet werden ohne Mass und Ziel. Ich animiere dich dazu die Meister spiritueller Literatur zu lesen und in deinem Umkreis zu verbreiten. Hochgemute Seinsgedanken machen deine Seele licht und schön und prägen ihr die Werte ein die ihr vonnöten sind bei ihrem Aufenthalt an Meines Himmels Hofe.

„Gestehe, dass du glücklich bist", sollst du dir im Zustand höherer Bewusstheit ständig wiederholen. Du siehst das Wirkliche vor dir erglänzen und weisst um seine Wahrheit und sein Wahrhaftiges In-deinem-

Herzen-Existieren. Meine Definitionen sind erst grandios wenn du sie tief in deiner Seele aufgenommen und begriffen hast. Dann aber führen sie dein Wesen unvermittelt in Mein Zelt wo sich ihm des Lebens Hintergründe, Motivationen und subtilen Heiterkeiten offenbaren. Nur in der absoluten Herzensstille ist das Wesentliche von Mir zu erfahren. Das Schweigen öffnet dein durchgeistigtes Gehör, dass Ich ihm Kunde gebe von des Seins erhabenen Manieren. In ihnen lebst du auf und lässest alles Ungebührliche und Zweifelhafte leichthin von dir fahren. In Meinem Reich zu leben ist wie immer leicht und licht und wunderschön. Es umschweben dich elysische Gedanken die dir so plausibel sind, dass sie dich in ihrer Eigenart entzücken und dein Wesen mit dem Duft unendlicher Behutsamkeit umfangen. Du fühlst dein Sein und lässest dich von ihm mit Wonnen des Elysiums durchströmen. In ihnen bist du heil und heilig, glückbegabt sowie auf's Zärtlichste mit Mir verbunden.

5.22

„Ich mache alles neu", gilt nach wie vor in allen Lebenslanden und besonders auch in dir seitdem du Mich erkannt hast als das A und O der Reinheit und Erhabenheit, Bewusstheit und Vollendung in den Geistessphären. Die Seele ist beglückt von Gottes Gaben und entzündet sich zu einem Feuer der Begeisterung am Sein und seiner sagenhaften Fülle des Erlebens.

Ich warne dich beizeiten wo Gefahr heranzieht und Bin dir Heim und Hort, und Licht und Kraft sie zu besiegen. Was knistert im Gebälk des Lebens? Ich rate dir, nur Mich darin zu sehn. Wer spricht von Übel? Bin *Ich* es ist's in jedem Falle wohlgetan. Mein Auge fällt auf dich aus Myriaden und lässt dich inniglich erzittern ob der Strenge die aus ihm hervorbricht. Dennoch deut Ich dir: des Herren Weisheit ist die Weise seines Handelns an der Welt und wohlbegründet auch an dir. Es loben dich, es laben dich die Geister der Natürlichkeit und lassen Trost und Tatkraft in dich fahren.

Das Geheimnis des Erblühens ist zugleich die Offenbarung der Vergänglichkeit des Lebens, doch was du Bist kann so nicht angetastet werden. Meines Seins unsterbliche Gediegenheit ist auch in dich geflossen, Meines Adels Stärke krönt dein Haupt und Meine Wohlfahrt ist genau so gut die Zierde deines Hauses. So lass denn deinen Kummer munter von dir fahren. Ich stärke dein Vertrauen in Mein Sein in aller Welten Zügen und zünde dir das Licht des Freiseins an vom irdischenn Gewirke. Unvergänglich ist dein Wesen, und von Mir gesegnet deines Scheitels Strahl im Glanz der Zuversicht wie im gottselig angefachten ewigen Genesen.

5.23

Was bringt der Tag? Bekanntes wohlverwahrt im Unbekannten das Ich Bin und das dich ohne jeden Vorbehalt durch deine grandiose Welt getragen. Was nützt dir aller Tand, wenn du nicht fähig bist an Meinem Antlitz deine Wohlfahrt abzulesen? Wo kommst du hin, wenn du nicht Meiner Hoheit Ziel mit allen Mitteln anvisierst die dir zur gnädigen Verfügung stehn? Es ist ein seltsam Abenteuer das du unter Meinen brüderlichen Augen zu bestehen hast bis es dir gelingt das Mass der Dinge, die dich rings umgeben, zu erfassen und mit ihnen richtig umzugehen. Es muss dich ganz zuvörderst interessieren wer denn hinter allem, was da *ist*, die Fäden zieht und jeden Fluss, ob niedrig oder angeschwollen, reguliert bis er in wohlgesitteter Manier die Spur verfolgt die Ich ihm angewiesen.

Du weisst es schon und bleibst doch sitzen auf dem Thron den du mit listiger Begehrlichkeit errungen. Doch sag Ich dir: Mein Wille wird dich von ihm stürzen, wenn du nicht begreifst wer dir zu alledem, was du dir Bist, verholfen hat von Jugend auf mit mächtigem Gebaren.

Ich will dir immer wohl, doch musst du dir den Weg zu Meiner Mitte selber bahnen. Es ist die stille Zwiesprach die Ich mit dir halten will für dich von eminentem Nutzen, denn sie offenbart dir was zu tun ist, um in Redlichkeit und mit vorzüglichem Vertrauen fortzufahren auf gottseliger Lebensbahn. Mir sind die Hände wie gebunden, solang du das Problem der Einigkeit mit Mir nicht lösest und damit dem Leben an sich, das Ich Bin, die Chance bietest sich in dir gebührend zu entfalten und dein Bewusstsein Zug um Zug bis ins Unendliche zu weiten.

Das ist dann die Erfüllung Meines Ideals von einer Menschheit die das Gotteswirken in sich führen lässt zur Einheit aller Wesen auf der Erde wie in den vergeistigten Bereichen. Sie sind von Mir zum Herzensfrieden und zur Gottesherrlichkeit bestimmt und werden sie voll Glück und Wonne, Wertbeständigkeit und Grazie des Himmels auch erreichen.

6

Dem reinen Sein zu Ehren

6.1

Ich animiere dich dazu Mein liebes Wort vertrauensvoll in deinem Herzen durch die Lebenswelt zu tragen. Du bist von ihm gesegnet und aufs Innigste berührt in allen deinen Funktionen und darfst voll Ehrfurcht den Gedanken pflegen: Dir gebe *Ich* mich vollends hin dem reinen Sein zu Ehren wie dem Menschlichen in das es von den Himmelshöhn gefallen. Das fördert die Vereinigung mit Mir entscheidend und lässt dich den Erscheinungen des Lebens ruhig und gefasst entgegensehn. Wozu denn zagen, wenn des Allerhöchsten Hand dein Schicksal trägt bis in die letzten Ausgestaltungen und Phasen? Es ist des Miteinandergehns Geschichte und Geschick, das Einzige was zählt im so vielverschlungnen und geheimnisvollen Leben.

Zu was Ich fähig bin sollst du gerade in der härtesten der Phasen deines Schicksals wunderbarerweis erfahren. Du darfst in dir ein überirdisch Licht gewahren. „Wer wagt es dieses anzutasten", frägst du lauschend in die Runde. Niemand meldet sich und du gewinnst daraus die Sicherheit der Sterne, dass kein Unheil dir geschieht in deinem intensiven Sein und Leben. Du bist befreit und auch bereit Signale auszusenden von entschiedner Klarheit der Gedanken wie von Freundlichkeit und Mut dem künftigen Gedeihen gegenüber. Fruchtbar wirst du sein wie eh und je und wirst die Kraft des azurblauen Himmels in dir tragen. Deine Schaffenskräfte nehmen zu und deine Werke heben an einen ausgesprochen sanften Glanz von Güte zu verstrahlen. Die Zuversicht auf deinen Zügen steckt die Welt um dich beharrlich an und spendet Trost im Leid und Seelensicherheit für's künftige Gebaren. Stille Freude darfst du schweigend und gestillt verbreiten, darfst den Sinn in allem was da *ist* verkünden sowie auf's Zarteste in dir Bewahren.

6.2

Ohne intensive Prüfung geht die Anerkennung deiner Werte sukzessiv verloren. Du hast sie zu bestätigen durch Starkmut und Gewissenhaftigkeit im Überlegen. Ich spende dir die hehre Gotteskraft dazu und teile Mich dir mit in wohlbegründeten und ausgemachten Segnungen. Bei Mir gibt es beileibe nichts zu zweifeln oder gar verzweifeln, weil Mein Seinsgewissen sich als Inbegriff der Klugheit und Gerechtigkeit entpuppt in ausgesprochen wohlgelungener Manier. Von Mir kann jeder Weltgewandtheit, Mustergültigkeit und unbestechliches Vertrauen lernen. Ein guter Wirt Bin Ich für alle lebensdurstigen Seelen, eine vielbewunderte Kapazität im Feld des exquisiten Sich-Benehmens. Wer Mich erkannt hat in den eignen Tiefen braucht nichts weiter tun als wohlgemut zu Mir hinabzusteigen, um sich an Meinem Weistum formidabel zu erbauen.

Hüte dich davor, zu ungezügelt und rasant ins Kraut zu schiessen und bewahre, was du Bist, auf einem Niveau das sich wahrlich sehen lassen kann unter Meinen preziösen Gütern. Sei dir bewusst, dass beide Reiche, deins und Meins unweigerlich in eins gehören. Du unterliegst, wie alle anderen, dem Seinsgesetz das lautet: Willig sei, Mir gänzlich zu gehören, damit der Gotteswille sich durch dich allüberall verbreite sternenmächtig, licht und morgenschön. Dein Werk besiegle Meins so wie Ich deines kunstvoll, klassisch und gekonnt besiegle. Mein Ratschlag gilt vom Hier bis in allweite Fernen und verliert sich im Unendlichen, das Ich Mir Bin, im Nimbus der Gottseligkeit und Einheit, Heiterkeit und Seinsgediegenheit von Meinen götterlichten Gnaden.

6.3

Du bist der Konsument und Ich der Schöpfer aller Gottesgaben die da sind: Vollendetes Design der Welterscheinungen im Jetzt wie im urfernen Dannzumal. Jeder Same, jede Krume, die Ich ins Verwirklichen säe, ist von Mir befruchtet und gesegnet, dass ihm unweigerlich glückseliges Gedeihen ist beschieden. So bist auch du zum Fortschritt und zur Sagenhaftigkeit bestimmt im Zug der gloriosen Evolutionen, die Ich nenne: Seinsbewahrer und Entfalter, Traditionenhüter und dynamische Verfolger Meiner Gottesziele.

Alles was in Mir geschieht drängt vorwärts nagelneuen Übersichten und Verwirklichungen zu. Stürmisch, unerschöpflich, weise und auf Dauer angelegt sind Meine Dispositionen, von denen dir in deiner ewigen Beschränktheit nur die wenigsten bekannt sind. Aber vieles kann Ich dir nicht zeigen, weil du es missbrauchen würdest in der Eigensinnigkeit die dir das Beisammenleben noch versauert. Das wirkt sich aus vom Einzelgängerischen über die Verbände, Dörfer, Städte, Metropolen, Nationen bis zum globalen Sein hinauf, wo immer noch der Raubbau überwiegt, die Verdrängung und das Faustrecht in den smarten Millionen.

Ich aber führe alle streunenden Gemüter langsam aber sicher zur Erkenntnis wahrer Menschenwerte hin, die vereinen statt zerstreuen, helfen statt bekämpfen und Gerechtigkeit verbreiten nach göttlichen Begriffen, Idealen und Maximen. Das zeitigt Resultate von erhabener Gewähr für Anstand, Einsicht und natürliches Verhalten in den menschlichen Beziehungen wie in der Gottesschau, die sich den Avancierten offenbart und die allmählich durch die Lande, Bande und Beziehungen pulsiert zur Liebe, Achtung, Wahrheit und Bewusstheit für die Welt und das Unendliche in dem wir alle sind und leben.

6.4

Nichts kann Mich daran hindern allem gut zu sein was Ich geschaffen und was der Himmelsfreundlichkeit bedarf in seinem unentwegten In-die-Weite-Streben. Eines ist, das Weltenwesen aus der Ferne zu betrachten, ein anderes Mich vollends mit ihm eins zu fühlen, integriert in seines Daseins Vielgesprächigkeit und Ziseliertheit, Aberwitz und Sendung. Hier gilt es kühnen Aufbruch in die Zukunft zu bekräftigen, Schäden zu begrenzen und damit ein Übermass an gütestrahlender Vernunft und Weisheit zu kreieren, die die divergierenden Gemüter zur Einsicht und zum Miteinandergehn bewegen.

Mein Einfluss ist nicht nur enorm, sondern matchentscheidend wo die Menschheit geht und steht in ihrem noch so kindlichen Benehmen. Der Wirrwarr kommt vom ungenauen Denken, das sich im pauschalen Urteil äussert, wie in der Verzerrtheit die daraus entsteht. Die wahrhaft grossen Geister lassen sich getreulich von Mir inspirieren und erzielen damit hocherhabne Resultate in Bezug auf Völkerrecht, beherrschtes Operieren und Befrieden der erregten Meinungen im Völkerpool.

Ich verwende Mich für alles was da Leben heisst und Lust am Dasein, grundsätzlich und global, und scheue keine noch so diffizile, folgenträchtige Berührung. Nichts und Niemand kann verderben, weil Ich unentwegt in ihm präsent bin als das Beste und Erfindungsreichste seines Wesens. Zudem ist Mein Einfluss volksverbindend, allgemein, allmächtig und auf's Zärtlichste belehrend. Was dir wirklich frommt ist seit jeher in die Tafeln des Gesetzes eingeschrieben. Du musst es nur befolgen um nach Meinem Gusto selig und charmant, für den Himmel tauglich wie fürs Unergründliche zu werden, das Ich Bin, und dessen preziöser Saum du Bist in wunderbar beseligendem Allempfinden.

6.5

Was heisst Geduld wenn nicht: Erkenntnis um Erkenntnis unablässig und gekonnt ins Wirkliche versetzen, um dem Gedankenbildnis Form und Farbe, Köstlichkeit und Weltbedeuten zu verleihen. Generation um Generation bevölkert ihren Landstrich, kultiviert und raubt, vergrössert und vermindert und legt voll Kraft die Gründe für die Kontinuität des Lebens.

Aus Meiner Sicht ist alles Irdische nichts weiter als ein Lehen, das Ich den Weltenbürgern in die Hände spiele. Sie haben, was für sie zu tun ist, treulich zu erfüllen, dann dirigiere Ich ihr Sein zurück zu Mir, um ihre Bildung fortzusetzen in vergeistigter Manier.

Besitztum wird, auf's Zeitenträchtige gesehn, zu einer Farce die die Menschen Mühe haben zu durchschauen und so hängen sie sich an die Güter, die sie rechtens oder räuberisch erworben haben. Das verankert sie im Irdischen, um das ihr Denken ständig kreist und sie davon enthält sich dem Unendlichen zu weihen. Was aber wird mit einer Menschheit die sich auf dem Globus innert kurzer Zeit erneuert, effektiv gesehen? Sie wird im Tode Tag für Tag in tausendfältiger Manier ihres Wesens silberglänzende Unsterblichkeit erfahren. Ihre Wanderschaft durch's wahre Leben hört nie auf und geht vom Hier zum Dort, vom Dort zum Hier in einer grandiosen Folge von Verkörperungen die Ich machtvoll und verschwiegen inszeniere.

Für sie bedeutet das ein unermessnes Wachsen an dem Schicksal das sie als Träger von Vernunft und Wille, Empfindung und Geschmeidigkeit sich zugescheffelt haben. Ich überwache ihres Willens Tun und wirke Meinen selber mit hinein um alles Werden schliesslich doch zu einem wohlerwogenen und überwältigenden Gottesziel zu führen.

6.6

Das Reine, Wohlerwogene wird sich für alle, die es eifrig suchen, als erreichbar und beseligend erweisen. Alles ist von Mir voll Güte angesponnen und soll nun von dir im selben Takt und in derselben Tugend bis zum gloriosen Ende ausgeführt und seinsvollendet werden. Was dir nottut ist das innige Erwachen zu dir selbst, die Pflege deiner guten Taten und der Wille, dich an Meine vollends anzulehnen. Nicht vergebens sollst du in das Irdische getaucht sein, denn der Sinn des Lebens stellt sich als das Wachsen an dir selbst heraus und muss erspürt, erduldet und zutiefst ergriffen und begriffen werden. Deine Sendung ist es, überragend, diskutabel und versiert zu werden in den Künsten: Anstand vor dir selber, Eifrigkeit in Sachen Goodwill und gerechtes Handeln sowie Sympathie zu allen Wesen die dir zu begegnen ausersehen sind.

Mehr als du denkst bist du mit allen, denen du begegnest, tief verbunden, denn sie sind wie du von Meinem Sinn und Geist beseelt. Auf ihn zu horchen und ihm zu gehorchen, darauf kommt es an und daran wirst auch du im Innersten genesen. Hand auf's Herz: Du könntest vieles besser machen als es dir bisher gelungen ist und bist dazu berufen, deine Züge noch enorm zu glätten, bis sie Meinen Schöpferaugen angenehm, beharrlich und vertrauenswürdig scheinen. Das ist dann der Moment wo Ich die Grazie des Himmels über deinem Haupt zerfliessen lasse, um dich ins Wesen der Glückseligkeit am Sein und Werden innig einzuführen. Du wirst dir deiner selbst bewusst als Sein vom Sein und wirst dein Schicksal künftig über alles lieben, loben und liebkosen.

6.7

Deo gratias soll eines deiner liebsten Worte sein, dem Leben wie dem Schicksal gegenüber, die dich so gekonnt, kontinuierlich und penibel strapazieren. Was du wissen sollst ist, dass Ich nach wie vor voll hinter deinen Plänen und Lebendigkeiten steh soweit du sie in Meinem heiligen Namen generierst und der Verwirklichung entgegenführst. Kein Schatten deinerseits soll auf das Gefüge fallen, das Ich mit soviel Engagement und Überlegtheit fassoniert und eingerichtet habe. Da gibt es keinen Grund, dich explizit zu schonen unter allen jenen die sich der Lebensmühsal unterziehen müssen. Dafür wirst auch du zur Einsicht kommen, dass das schöpferische Tun, bei aller Mühsal die es aufwirft, ein unendliches Befrieden generiert und Lebenslust und Freude göttlichen Genügens.

Du stellst dich in die Mitte eines Reiches das dir ganz allein gehört und in dem du Herr und Meister bist in wunderbar gediegenem Verfügen. Bist du in vielem noch so sehr dem Zug der Zeit verschrieben, in den Stunden deines eignen Disponierens bist du frei und darfst deiner Fantasie wie deinem Schöpferwillen freien Auslauf zugestehn. Es gilt ja, deinem Menschensein in jeder Art und Weise Sinn und Zugkraft, Reputation und Wonne zu verleihen. Dies soll im Völkerrechtlichen wie auch im Einzelnen, das dich betrifft, mit Würde und Wahrhaftigkeit geschehn. Es zeitigt immer positivere und damit erfreulichere Resultate, die schlussends zu einer allgemeinen Noblesse und Beglückung führen. Das reine Sein bricht durch und darf zu seinem Rechte kommen als in Mir dem unumschränkten Herrscher im Gebiet des Lebens und Gedeihens, minutiös Gehorchens und in Liebe Auferstehns. In Meiner Aura hissest du dich zu den Sternen und erfährst das Wohl der Weiten wie die Kraft die in der Redlichkeit, der reinen Lebensliebe und der Seinsbegeisterung obsiegt.

6.8

Male dir in Farben, Formen und Empfindungen von erster Güte aus, wie überragend sich das reine Gottesreich vor deinen Augen präsentiert, wenn du's nur schauen willst in Einfalt und unendlichem Entzücken. Derweil Ich seiner Züge Meister Bin ist es Mir ein Leichtes, dir von seiner sagenhaften Schöne einen Sermon von berückender Gestalt und Überzeugungskraft davon zu bieten. Ich darf Mich ohne jeden Aufschnitt Seinsbeglückter und Erhabener der Geistessphären nennen, dem es äusserst angelegen ist so viel von seinem Sein wie immer möglich den von ihm geschaffenen

Geschöpfen gütigst mitzuteilen. Wie kann das in der intensivsten und bedenkenlosesten, frappantesten und liebevollsten Form geschehn, ist hier zu fragen? Indem Ich Mich als reines, ewig glückerfülltes Sein vollends an dich und deine sagenhafte Qualität vergebe. Das ist dann schon ein Faktum, das dich bis ins Innerste erschüttern kann, wenn du's gewahr wirst in der lichterfüllten Meditation von Meinen silberhellen Gnaden. Darin staune Ich in dir Mich selber an und entzünde damit Meines Seinsbegeisterns überirdisch angesetzte Lage. Für dich gewiss ist die Erkenntnis der so zauberhaften Seinserrungenschaft eine Weihung an die göttliche Substanz von allererster Güte und ein absolutes Novum in der menschlichen Geschichte, als im Rang von gottgesegneten Balladen.

Aus diesem Dich-und-Mich-Begründen geht der silberhelle Silbenfluss hervor den Ich dir schon zum x-ten Male herzensfroh und seinserhaben rezitiere. Nimm davon so viel du kannst und sei in ihm und Mir fortan auf's Trefflichste und Seelenvollste, Jubilierendste und Unermesslichste geborgen.

6.9

Von Adam zu Eva und dann flugs zu dir schwenkt sich der Gedankenbilderbogen, den Ich Meinem Sein und Sinnen liebevoll verehre. Dabei fällt Mir auf wie sehr sich die Substanzen der geschaffenen Gemüter in ihrem Grundgehalt ganz wesenhaft berühren. Des reinen Seins zutiefst gefälliges Arom kann hier zur vollen Geltung kommen und die Lebensszene auf die allerbeste Art befruchten und beseelen. Die menschlichen Gemüter die von alledem unendlich viel erfahren haben schmiegen sich dem Geisteswesen innig an und erfahren damit eine Wonne des Empfindens ohnegleichen, die sie in den Rausch des ewigen Heils versetzt, nach dem sie sich so lange und so intensiv gesehnt und arrangiert, erkundigt und schlussendlich durchgerungen haben.

Die Mütter sind den Vätern etwas schuldig und die Kinder ihren Eltern ebenso, derweil sie eben von den Ahnen - ihres Seins Bravour und blütereine Lichtstruktur erhalten haben. Das ist nun etwas was man nie genug verherrlichen und loben kann in der Geschichte jedes Einzelnen wie auch in der des ganzen Menschentums mit allen seinen Raritäten, überwältigenden Qualitäten und - Gefahren. Aus dem Schneider ist das Menschentum noch lange nicht hinaus, das heisst es muss noch aberviele Mühe und Erkenntnis investieren, bis es auf der sichern Seite angelangt und etabliert ist ohne Wiederkehr ins Burschikose. Meine Zügel ziehn die Seinsverklärten mächtig himmelan und bereiten ihnen die erhabene Chaussee zum Vater aller Dinge, der in allem wohnt was kreucht und fleucht und wohlgedeiht hinieden.

Das ist dann die Erfüllung Meiner anspruchsvollen Pläne die vermag die Erdenvölker unter Meinem Sterngeläute zu vereinen und sie stante pedes zur Glückseligkeit Elysiens zu führen.

6.10

Knabenhaften, sanften Lächelns lasse Ich die Seinsverklärten hier und dort erscheinen vor den menschlichen Portalen, um den Zug zum Seligsein inständig zu beleben. Du bist in Mir die angewandte Formel der Verheissung götterlichter Zeiten in der Folge des Verzichts auf Schnoddrigkeiten wie des Gewinnens reiner Andacht vor dem Herrn und seiner Herrlichkeit, Bewusstheit, Wachheit und Glückseligkeit im seinserhobenen Allhier. Gnade von dem Unergründlichen sollst du erlangen zugleich mit dem dezidierten Willen dich den Regeln Gottes strikte und bewusst zu unterziehn. Bist du lasch machst du dich allsogleich bei Mir als Deserteur verdächtig, bist du zu geschäftig, entgeht dir die Gelegenheit dich angemessen mit Mir zu beschäftigen. In beiden Fällen drückst du dich recht ungeniert um deines Lebens Sinn und Zweck herum die da benannt sind: Schreite stracks und unverwandt auf Meine Mitte zu die exakt die Deine ist in des längelangen Lebens Ritt und Voltigieren. Sinnlos durch die Tage zu kutschieren ist nicht eben klug, und diese simple Ansicht bringt dich schon einwenig näher an dein, von Mir eingerichtetes und ständig observiertes Gottesziel.

In allen Lebensdisziplinen willst du doch ein Ass sein, also spute dich, auch in der Meinen vom Versager zum geachteten Experten aufzusteigen. Dann wirst du bewundert und allseits um guten Rat gebeten. Du breitest deine Geistesflügel über viele aus, die des Schutzes dringend noch bedürfen. Weil du willst so will auch Ich in dir noch viel viel mehr und weil du tätig bist in Meinem Reiche zeige Ich Mich dir erkenntlich immerzu in jeder noch so diffizilen Sparte deines unablässigen Agierens, bis du dich voll Wonne durch das unermesslich weite Gotteswohl bewegst.

6.11

Multiplex und kaum zu bändigen ist deine Interessenschar die sich, bei Licht besehen, an dir mästet um für ihr eigenes so gross wie möglich und gewandt herauszukommen. Ich will dir damit zu bedenken geben, dass dein Leben ohne geistigen Gehalt und Richtwert keinenfalls die Höh erreichen kann die Ich ihm schicksalhaft und voller Güte zugewiesen. Du kannst dir aus den Fingern saugen, dass die Beschäftigung mit deinem Sein Priorität geniessen sollte vor der weltlichen Geschäftigkeit, die dich so leicht ins Abseits bringt von Meinen gloriosen Wundergaben.

Es liegt für dich ein namenloser Trost darin und eine Chance, dass du dich in deinen Nöten an Mich wenden kannst mit der Gewissheit, angemessne Hilfe zu erfahren. Du brauchst dich nicht des Langen und des Breiten zu erklären, weil Ich ja schon weiss was dich bewegt. Es ist die Hilfe zur Verwandlung die Ich dir gewähre, das Resümee der Güte das dich gut macht, gläubig und verschwiegen. Du trägst dein Los im stillen und bist glücklich es zu Mir emporzutragen. Deine Seele weitet sich ins Künftige wie ins Vergangene hinein und mählich wird dir alles transparent in einer Einsicht in die Lebensgründe ohnegleichen. Die Nöte helfen dir das Wesen deiner Welt, wie das der andern, zu begreifen um so zur Milde und zur Nachsicht zu gedeihen.

Es ist die Gotteswürde die dich führt in deines Herzens Gral und die dich einmal wird zum Ritter schlagen der Beständigkeit im Guten wie der Menschengüte in der Folge deines Wachsens an der Seinsstruktur die Ich dir mitgegeben. Barhaupt stehst du da den Gottessegen zu empfangen wie des Himmels Grazie die dir das Glück verleihen, nach dem du dich so lange und so herzenstief gesehnt.

6.12

Ich schaue dir tief in die Augen, guter Freund und ermahne dich beim Übergang zur Gottesfürchtigkeit zum Adel des Gestaltens wie zum Suchen einer Fährte die geradewegs zu Mir und Meinen himmelhohen Werten führt. Du kannst ja nicht verneinen, dass Ich dich von A bis Z am Wickel habe und dass es niemals dir gelingen wird aus Meinem Reich und Meinen Weiten auszubrechen, weil es schlichtweg keine andern geben kann. Du bist an Gottes Weinstock wie die Traube unfehlbar an Mich gebunden und darfst Saft von Meinem Safte unter dem so milden Himmelslicht geniessen. Insgeheim verwöhne Ich dich ständig mit den wundervollsten Liebesgaben und begabe dich zu Recht mit allem was dir nottut in der Folge deiner weisen oder miserablen Taten. Was immer du von Mir erlangst befördert dich und deine Crew im Leben und erweist sich schliesslich als der Weg auf dem du ohne jeden Abglitt sicher und gekonnt zu Mir gelangst *ob* deinen multiplexen Wankelmütigkeiten.

Es ist die Ordnung des Begegnens die dich das Elysium gewahren lässt, in dem du dich bewegst; die malerische Freude am Bewusstsein von dir selber ist es, deren Wert du einsiehst und zutiefst geniessest in der Seele liebevollem Auferstehn. Wovon sie träumte ist nun wahr und was sie wollte hat sie überreich gewonnen und bekommen, ausgestanden und zum Sieg erwählt. Ihre Züge sind in Meine ganz versponnen derweil die Lebensstürme sich zur Ruh gelegt und alle deine Kräfte sich dem reinen Sein verschrieben haben. Du Bist und bist in Meine Herrschaft eingezogen unter Harfenklängen, Liebesliedern und den langgedehnten Tönen der Schalmeien in subtil besonnten Ätherräumen.

6.13

Fabelhafte Fügungen ereignen sich in deinem Leben allesamt von Mir. Sie sprechen dich zuinnerst an und heben und verweben dich mit Mir und Meinem Anhang in den silberhellen Himmelssphären. Wesentlich ist es für dich zu wissen wie es um die Hintergründe steht die geistiger Natur sind und die Welt von innen her bewegen. Sieht sich das Weltenleben in Bezug auf Sitte und Moral noch äusserst dürftig an, so bleibt es doch sein Vorbild, dass *Ich* in jedes Menschen Mitte Bin ein Wunder an Gemeinschaftssinn und Redlichkeit, von Anstand und Bewusstheit im subtilen Alles-Überragen. Es muss und wird zur vollen Geltung kommen, wenn die Charaktere, die von ihm geprägt und ausgebildet werden, ganz gereift sind in der götterlichten Atmosphäre die ihr Dasein innig prägt.

Einzelnen ist es bereits gelungen, so zu sein und zu agieren, wie Ich es schon vor Zeiten vorgesehen habe. Das macht allmählich Schule in den noch recht zerfahrenen Gemütern und stilisiert die Welt zuletzt zu einem sagenhaften Liebesgarten. Wie anders kann es kommen, da doch die allgöttliche Natur nach Liebe dürstet, nach Gerechtigkeit und konsequentem Frieden.

Ich richte es und renke es so ein, dass die Verklärten Meiner Absicht ihren Lebenspart mit Eifer und Gewissenhaftigkeit zu Meinen und zu aller Gunsten auf's Vortrefflichste versehn. Sie trauen dem was Ich als wahre Lebensqualität und Virtuosität verheissen habe und erfüllen jeden menschlichen Bereich mit gottgesegneten und liebevollen Qualitäten, die zu allgemeiner Wohlfahrt, zu Glückseligkeit und auserlesnem Herzensfrieden führen.

6.14

Das A und O des seinsbewussten Lebens und Gedeihens will Ich dir aus Überzeugung und Gewissenhaftigkeit erklären. Ich weiss wie sehr die Menschheit ringt um Anstand, Herzensadel, Wohlfahrt und Gemeinschaftssinn zu allen Zeiten. Diese Qualitäten zu befördern stelle Ich Mich vor sie hin und vermittle ihr mit grossem Ernst und Engagement, Gefühl und Anstand was sich ziemt und was Beglückung und Erhabenheit, Holdseligkeit und Würde generiert. Als Macher Bin Ich stets bereit und dazu aufgelegt die universenweite Evolution zu unterstützen und ihr die angemessne Form, Bewusstheit, Gravität und Gotteswürde zu verleihen Deine Wege sollen so wie einst und so wie stets die Meinen werden, die zu Rücksicht, Aufgeklärtheit, Redlichkeit und allgemeiner Wohlfahrt führen.

Bislang habe Ich so viel für dich getan und immer mehr wird es noch werden, bis du ganz begriffen hast was Ich so meine und was sich in dir abspielt als geliebtes Wesen der Allherrlichkeit in Mir sowie an Meinem götterlichten Hofe.

Ich weite das Gewissen von dir selbst bis zu den fernsten Sternen, denen Ich Gevatter Bin und liebevoll behütender Gespan. Du gefällst dir auf's Entschiedenste als ausgebreitet in das Geistreich das Ich seit zuallerst voll Verve und Schöpferwille wonnevoll bewohne. Das ist und bleibt Mein Status und System, Mein Fortschritt und Erfüllen für die kommenden Äonen in denen du und alle eingebettet *sind* zum Heil und zur Begeisterung am Sein und am Glückseligkeit-Verströmen.

6.15

Das Allherrliche ist auch in dich gegossen, guter Bürger und des Gottes auserlesener Galan. Es muss nur auferweckt, gepflegt und ausgeweitet werden bis es trägt und tüchtig ist in auserlesnem Garen. Ich habe alle Hände voll damit zu tun es rein und sicher in Mir zu bewahren. Viele Meiner Mitregenten haben sich zum Eigenwillen und zur Eitelkeit verführen lassen und sind dem grandiosen Werke hinderlich das Ich in Äonen aufgerichtet und gepflegt, veredelt und auf's Innigste mit Mir verbunden habe. Heilsam und geziemend ist es für dich mutig in das unbekannte Künftige zu schreiten, denn Ich decke dir die Rätsel eines nach dem andern willig auf die dich unsicher und bedenklich machen könnten. In Meinem Kontex ist ja wirklich gar nichts zu befürchten weil sowohl die Planung wie die lebenstrotzende Verwirklichung in Meinen weisen Händen liegen. Du brauchst nur zuzuschauen wie es wird, dann ist es dir von selbst auf's Äusserste daran gelegen dich nützlich und gekonnt für Meine Sache zu verwenden, deren Ausmass Ich allein bestimmen und voll Güte überschauen kann.

Du bist dir deiner eignen Sache sicher und beförderst sie mit ausgesprochenem Talent und gutem Willen um sie fruchtbar und ertragreich, wertbeständig und begehrt zu machen von und vor der Welt in der du lebend, wirkend und dich selbst geniessend dich bewegst. Dass es in stupender Einigkeit mit Mir das Meine ist das du so tapfer und gekonnt regierst, wirst du erst später durch profunde Einsicht und Gewissenhaftigkeit erfahren. Das ist dann ein Fest der Gnade und Gerechtigkeit am himmlischen Geschehn, das Ich dir weisheitsvoll und mit der grössten Selbstverständlichkeit beschere. Mein Motto lautet demnach: Suche dich als Ausgezeichneter in

Meiner Schöpferhemisphäre zu erweisen und trage mit Begeistrung vor was du von Mir gelernt hast im beglückenden und überragend gottgefälligen Dich-Selbst-Ertragen.

6.16

Als getreuen Werkstudenten und Ermittler neuer Lebenstaten will Ich dich vor Meinem Angesicht gewahren, will dich im vollen Amte vor Mir sehn. Deine Reputation ist unbedingt an Meine angeschlossen und erklärt sich demnach aus dem Ruf den dir der Himmel mit ins Irdische gegeben. Was dir im Hier bestimmt ist sollst du mit enormer Sorgfalt pflegen und nach Kräften lebelang zum Allerbesten führen.

Deine Ziele sind schon immer haargenau und felsenfest, kämpferisch und unbedingt die Meinigen gewesen. Das bringt dich unfehlbar zur Überzeugung, dass sich deine Wege selbstverständlich im Unendlichen verlieren und zugleich auf's Allerbeste in ihm etablieren. Deine wahre Grösse liegt in der Erkenntnis, dass du so wie Ich vom Himmlischen ins Irdische hinabgestiegen bist um alle Daseinsrätsel mit Bravour und Seinsbegeisterung zu lösen. Was vordem ein haarsträubendes Geheimnis für dich war, liegt nun geoffenbart vor deinen Blicken und gewährt dir wunderbar ins Sein gebettete Holdseligkeit und Ruh. Dein Wesen strahlt dir wie ein feingeschliffner Diamant entgegen und begeistert dich von Zion aus mit seiner Wertigkeit, Wahrhaftigkeit und seinem wunderbaren Seelenadel. Tiefgründig und bewundernswert ist es für immer mit dem makellosen Sein verbunden das Ich Bin und das mit ausgesprochener Behutsamkeit Vertrauen und gelinde Wonne um sich sät, um alle Welt auf Trab nach dem Unendlichen zu halten.

Das ist es was Ich dir nicht vorenthalten wollte und was dich in dem Mut bestärken soll, mit dem du Meine Pfade sach- und seinsgerecht beschreitest.

6.17

Ich will und du, der Vielgeliebte, putzest dich heraus, um jeden Tag geschniegelt und gebügelt vor Mir zu erscheinen. Das bringt dich auf exakten Kurs zu Meinen immortellen Gütern die wie Sand am Meer vor deinem wohlig blitzenden Gesichtlein liegen. Bevor du sie jedoch erfassen darfst will Ich Mich denn vesichern ob du reine Hände hast, ein gutes Herz und eine feingestimmte Seele, die allesamt voll Anmut in der Grazie des Himmels weilen.

Wie du bald einsiehst, bist du jetzt und künftig in den Kreis der Seligen gereiht, die sich von der Fabelhaftigkeit Elysiens mit grösster Selbstverständlichkeit verwöhnen lassen. Deine Zeichen stehn auf Würde, Daseinswonne und akutem Seinsgefühl, die sich an Eleganz und Wohlbekömmlichkeit kaum überbieten lassen. Dein Gewissen ist getränkt vom Wissen um die Einheit allen Weltgebarens, die von Mir ausgeht und ohn` Unterlass im Solitären wieder endet, das Ich Bin und dem du voll Ehrfurcht zu gehorchen und zu huldigen hast mit hochgeschwellten Segeln.

Du ahnst wohl recht genau wohin Ich dich beständig führe, nämlich in den Hort und Ort der Seinsbegeisterung am Leben und am Alle-Fährnisse-und-Wirbel-elegant-Bestehn. Dies kann nur von dir als Bild von Meinem Bilde regelrecht geschehn und muss vor allem von Mir sanktioniert und abgesegnet werden. Das geschieht im Zuge der enormen Herzensgüte die Ich dir und allem Sein entgegenbringe. Mit Mir vereint wirst du zu einem Ass in Sachen Liebenswürdigkeit und Tugend, unverbrüchlichem Gehorsam und Elan im Lauf des Lebens wie des Sterbens und des gloriosen Wieder-Auferstehns.

So wirst du zum Seinsgerechten in der Tat und darfst an Meiner grünen Seite friedevoll und freudig durch die Ewigkeiten wallen.

6.18

Schwenkst du zu Mir ein, so schwenke Ich dein Schicksal wieder zum Unendlichen von dem du herkommst, abstammst und zu dem du wiederkehrst voll Seelenjubel in gottseliger Manier. Ich frohlocke über was Ich Bin und führ dich immer weiter in dieselbe Seinsgestimmtheit, für die Ich dich geweiht und ausersehen habe. Keine Macht der Welt kann dich von dem enthalten was du wirklich Bist und was dein ganzes Tun und Lassen unbedingt bestimmt und liebevoll zur Grazie des Himmels führt im Wirkfeld Meiner Sphären. Die Idee ist klar: Was in sich selber gut und gütig ist kann nicht auf einmal schlecht sein wollen. Für was willst du Mich halten? Für einen malefizen Scharlatan? Oder dann für einen der recht viel riskiert und dabei weiss, dass er stets auf der Gewinnerseite steht mit seinen fulminanten, alles überragenden Kreationen. Auch du bist ins Getriebe und Geschiebe Meiner Wirbel zirkular hineingerissen und solltest dich nicht wundern, wenn das Auf und Ab der Weltenoperationen ständig zu Verlusten führt. Auf die Dauer jedoch wird Einhelligkeit den Reigen der Ereignisse beschliessen.

  Intim zu Mir gewendet kannst du demnach das Erlesenste und Ausgewogenste Regime erwarten über das von Mir ins All gesetzte Menschentum, das Ich in so viel faszinierenden Facetten funkeln seh. Das bedeutet für die vielen auf die Dauer eine Wohlfahrt ohnegleichen in den Sphären reiner Redlichkeit und wohlbedachter Tugend am erschütternden Das-Weltensein-Erleben. Nicht nur in den Sternen, sondern auch in jedem wachenden Gemüt steht dann in allem Ernst geschrieben: Ich Bin der wahre Weise wie das graziöse Brauchtum überall wo Einsicht herrscht zugunsten eines ständigen Agierens nach dem Mass der Menschlichkeit wie Ich sie stipuliert und in die Seelen eingemittet habe. Das kreiert den Völkerfrieden den Ich meine wie die Herzensgüte überall auf dem Planeten in der Wohltat Meiner Näh.

6.19

Unbedingt darauf zu achten hast du, was Ich aller Welt zugute halte in den auserlesenen Empfehlungen die Ich an sie verströme. Herzenswohlfahrt ist das Resultat und Resümee von allem was Ich allen eingebrockt und wieder ausgebadet habe. Auch du kannst lebelang und mächtig profitieren von den nie versiegenden Ressourcen die in Meinen himmlischen Gewölben aufgeschichtet liegen. Du brauchst sie nur in Meinem Namen abzurufen und schon sind sie dir zu Diensten als die Heerschar der Holdseligkeit in Meinen weitgedehnten Stufengärten. Sooft du willst darfst du in ihnen seligen Gemüts verweilen, denn sie liegen allen offen friedvoll da, um ihren Hunger nach Glückseligkeit und Lebenswonne köstlich zu befrieden.

Du spürst in ihren Rängen wie du aufblühst ob der Sicherheit und Selbstverständlichkeit mit der sie dich bedienen und dabei aus dem Vollen schöpfen können Meiner Seinspotenz und äusserst wirkungsvollen Überlebensstrategie. Was du immer erntest ist bei Mir auf guten Grund gefallen und was du dir bewusst, erwartungsvoll und gläubig einverleibst, vermehrt wie nichts dein Wohlgefühl am Weltensein und Unter-Meiner-Herrschaft-Leben.

Die Architektur von allem was da *ist* entspringt wie eh und je voll Inbrunst Meinem Ich-Wert und kann sicherlich von niemand überboten werden. Sie tendiert dazu bis ins Gewölbe Meines Himmelreichs hinaufzureichen um es dort gütlich zu berühren. Nun sage Mir ob das nicht das Begeistern anrührt und bewegt in deinen Wesensgründen und dir als ein Zeichen Meiner Gunst erscheint, die *ist*, und die sich fortträgt durch den Aufwall abervieler Generationen die sich nach wie vor und überall und noch so gern beglückt in Meinem Strahlenlichte sonnen und sich darin mit Mir auf's Trefflichste Verstehn.

6.20

Die Geschichte der gelehrten weisen Häupter aller Zeiten ist am Lesenswertesten, wenn sie direkt zu Mir hinaufführt in das reine Seinsgefüge, wo sich dem Leser eine Ordnung präsentiert von wunderbar beseligenden Graden. Wohin du schaust befleissen sich die Wesen eines Umgangtons von ausgesuchter Höflichkeit und liebenswürdigem Begüten aller Dinge die da vorgetragen werden. Du siehst wie sich die Himmelsgeister ständig mit dem Ruf „Ich kann es wenn Ich will", befeuern und sich damit in den Stand der Kämpfer für das universenweite Wohl versetzen.

Meine Mittel hören nimmer auf konstant, erfinderisch, global und wesenhaft zu sein, womit Ich in der Lage bin alles leichthin zu vollbringen was Ich will und Mich dabei einhelligen Gelingens zu erfreuen. Durchschnitt ist nicht Meine Sache sondern höchste Präzision, Glaubwürdigkeit und ehrenvolle Selbstverständlichkeit des Handelns an Mir selbst, der Ich das All in allem Bin in Gottes unendlichem Namen. Liebreich Bin Ich auch den Zögerlichen gegenüber, die noch nicht die wahre Wucht in ihrem Sein erkannt und sogleich angewendet haben. Du tust gut daran, diese Wirklichkeiten zu beachten und nach bestem Wissen und Gewissen auszuführen. Dein Motto sei: Ich schwebe auf und nieder und steige doch voll Verve beständig himmelan, um dort das reine Sein mit allen seinen Attributen und Erhabenheiten, wunderbaren Schichten und Geschichten innig zu erleben. Das Freisein macht Mich wahrhaft unbesorgt in diesen Sphären der gottseligen Bestimmtheit und Gewissenhaftigkeit, die alleweil das gute Musizieren und Marschieren, Dudeln und Vergnügt-Sein intonieren.

Das ist würdig, recht und schön und offenbart das Ausserordentliche, das Ich durch Äonen überschauend und zutiefst verständig Bin und bleibe.

6.21

Aufgestanden und dorthin gegangen wo Ich Bin sei die allgültige Parole, die dich führt durch eines ganzen Lebens Aperçu und Wind und Wirklichkeit in grandiosen Gotteszügen. Nicht zimperlich verfahre Ich mit Meinen Schäfchen, wenn es darum geht bei den Mir Anvertrauten Disziplin wie allgemeines Wohlverhalten einzuüben. Alle Mittel sind Mir dazu recht um deine Seinsgeschmeidigkeit zu stählen und schliesslich in den Stand des gegenseitigen Vertrauens zu erheben. So wie die Weltendinge stehn wirst du bis hart an deine Grenzen auf Beständigkeit und Loyalität zum Unergründlichen geprüft, bis du als anerkannter Sieger dastehst in den Niederungen deines Zeitempfindens.

Dein Gebaren wird den Rang der Himmelsherrlichkeit erreichen und allen deinen Meisterzügen ist unendlicher Erfolg beschieden. Wie dir bekannt ist kann das nur in Meines Namens Gültigkeit und Wohlgefälligkeit geschehn. Du trittst als ein Gesegneter bewusst und tapfer auf die Weltenbühne und verkündest allen gläubigen Geschwistern was dir so viel Verve, Kapazität und Liebenswürdigkeit verliehen hat in eines langen Lebens Fortschritt und Gedeihen. Das ist von Mir gewollt und Meinen Seinsgetreuen, die nach beständigen und ultralichten Seelen Ausschau halten, um sie in Triumph in Meines Reiches Hallen und schlussends vor Mein erhabnes Antlitz hinzuführen. In diesen Höhen ist dir alles wohlbekannt und sonnenklar was deine Seinsgeschmeidigkeit betrifft in ihren Grenzen und Erweiterungen ins unendliche Geschehn. Da lässt sich fürstlich leben in der Tradition der Selbstverständlichkeit an sich sowie im Rauschen himmlischer Gewässer, die durchs Band kristallne Bögen durch die Fürstenlande ziehn. Das Kräftige siegt, dem Schwachen send Ich Linderung und Starkmut zu, damit es mählich seiner Kindlichkeit entwachse, voll Elan der Gotteswürde und Glückseligkeit im Seinsolymp entgegen.

6.22

Die Zeiten mit den tiefsten Wintergraden kommen und vergehn und bringen uns mit vehementer Dringlichkeit die Zeit der tauenden Gefühle wieder. Wir blühen auf und setzen unsre Reise durch das Leben fort und fort bis wir ans Ziel gekommen sind von absoluter Friedefertigkeit und Herzensgüte, Seinserhabenheit und variantenreichem Götterstil. Das Vergängliche wird von Mir sukzessive und gekonnt ins Ewige hinaufgehoben, wo andere, sublimere Gesetze an der Tagesordnung sind. Das Vernünftige ist allerorts bis in die Perfektion gediehen und gebiert damit ein leichtverständliches geselliges Gesellschaftsleben. Was auf der Erdenwelt noch Illusion und in gar manchen Fällen vollbewusste Tücke war, ist hieroben klare, würdige Besinnung auf das Wesentliche, an dem gar nichts zu deuteln oder nachzubessern ist. Überdies sind in der Allgemeinheit Sinn und Walten stets die gefitztesten Gedanken weiser Wesen mit im Spiel. Diese überlassen nichts dem Zufall und sind stets bestrebt das Optimum aus jeder Façon des Geschehns herauszuholen. Das zeitigt jederzeit Verständnis unter den beteiligten Gemütern und Verbindlichkeit mit allem was da *ist* und was auch Ich galant gewähren lasse in der Zeit des allgemeinen Wohls im Menschengötterleben.

Ich kenne keinen der mit so viel Umsicht und Behutsamkeit wie Ich zu Werke geht in den gediegenen Gedankensphären. Das macht, dass alle sich im Zustand holdester Glückseligkeit und Wohlgefälligkeit befinden, sowie sie auch die Sternenwelt in ihrem Sein aufs Schicklichste erfahren.

Alles dieses wirst auch du im Zustand der Erhabenheit mit grösster Selbstverständlichkeit erleben. Ich mache es dir vor und du gedeihst zur absoluten Friedefertigkeit und Lebensharmonie unter Meinen weisen, ewig gütigen und sinngeladenen Ideen.

6.23

Ich vertrete eine Ansicht die für alle gilt und die von grösstem Nutzen ist für die noch spärlich aufgeklärten und besonnenen Gemüter. Warst du je im Zweifel über dein Verhalten einer Weltgemeinschaft gegenüber, deren Führer gottesfern und götzendienerisch geworden sind? In allem Ernste ist da zu erwidern: Geh allein bei Mir zu Rate und lass die Böcke, Scharlatane und Verächter Meiner himmlischen Prinzipien bedenkenlos in ihrem eignen Safte schmoren. Du aber hältst dich firm an Meine menschenfreundlichen Gebote und vergehst darob von Gottes Grazie und innigem Dir-Selbst-Genügen.

Verwinde allen Schmerz den dir des Weltgeschehns Rumoren in die Schuhe schiebt und bleib Mir treu in allen Disziplinen reiner Redlichkeit und weiteren Veredlungsschritten die Mir eigen. Du kannst dir selbst beweisen wie die Gottesdinge liegen indem du wachen Geistes wahrnimmst was sich schickt im Land und was Ich dir stets zur gefälligen Beachtung präsentiere. Willst du dich messen messe dich an dem was Ich dir Bin an Geistesgrösse, Seriosität sowie dem sakrosankten Willen alles richtig aufzugleisen für die Fahrt ins ewige Genügen. Nimm dich in acht vor falschgesprenkelten Propheten, Wegelagerern und Kammerjungfern die allesamt ein falsches Bildnis von der Wirklichkeit verbreiten. Lass dich nicht verärgern von der etablierten Arroganz und reichere dich in der stillen Klause mit dezenter Weisheit an, von Mir erdacht und von dir tunlichst aufgeschrieben.

Es fehlt dir nicht mehr viel bis du dich selbst als Avancierter und von Mir Gesegneter bezeichnen kannst, weil alles an dir stimmt was Ich verordnet habe und was dir gestattet mitten im Tumult im Ländchen wunderbare Herzensruhe, Heiterkeit und Seligkeit zu pflegen. Das alles leg Ich dir auf einem Zettelchen ins tägliche Brevieren, um dich im Fach der Gottgefälligkeit zu schulen und damit in Meines Reiches Wohlfahrt zu erheben.

6.24

Kuschle dich zu Mir Mein Freund wenn alle Stricke dir gerissen sind und fühle was dich wahrhaft birgt im Seinsgebirge das sich vor dir auftürmt, soll- und sinngeladen. Vor allem muss es für dich gelten, dass du dich im Flachland wie in Meinem Hochgebirge auskennst als gewiefter Fachmann von des Himmels Hort und Gnaden. Das gestattet dir, von A bis Z zu wandern ohne wesenhafte Komplikationen, schwungvoll und erhaben über Berg und Tal. Bei dieser lebelangen Seinsexkursion sind dir vor allem eine tadellose Gangart, Haltung wie ein eklatanter Orientierungssinn vonnöten. Es gilt Verirrungen und Zeitverluste, Abstürze und Verletzungen tunlichst zu vermeiden. Das kannst du nur, wenn dich Mein Faden ständig leitet durch des Lebens Arsenal von Tücken und Behinderungen, perfiden Wirren und Verdächtigungen aller Art. Du sollst anhand von Meiner hochdotierten Fibel standfest und beweglich, glorios und völlig unbeschadet dorthin schreiten, wo Ich dich voll Freude und mit offenem Visier empfange als Geliebter und Geliebte Meines unwahrscheinlich sensibilisierten Seinsempfindens. Es sind dir Geistesflügel angewachsen, die dich wie im Flug von einer Prachtoase bis zur anderen versetzen, durch die Huld und Grazie von Meiner kühnen, grünen Seite angetrieben. Überall wirst du voll Ehrerbietung und Gewissenhaftigkeit empfangen als ein Kunstwerk von Beständigkeit und als Ausbund mannigfacher Fähigkeiten, die andere nicht haben. Das graduiert dich schliesslich in der Seinsgeschichte zum erhabnen Helden der Natürlichkeit von Meinem wohlgeplanten Weltspektakel, das Ich voll Wonne und Gewieftheit im Äonenschreiten selbander mit dir inszeniere. Das Resultat ist dem Erobern des Unendlichen zu vergleichen und bringt dir unermessne

Himmelsgrazie, beseeltes Glück und unvergleichliches In-dir-Verweilen.

6.25

Hochgelobt sei der da kommt in Meinem Namen und mit Meinem sagenhaften Seinsgefühl. Die Gotteswände haben Ohren und die Menschen schenken den Verklärten ihres Herzens besten Teil damit sie ihn veredeln und damit zu höherer Bewusstheit führen. Deine Stelle ist ein sehr gediegner Ausgangspunkt für auserlesne Weihen wie für ein Leben in famoser Seinskultur und Seelenaugenfrische.

Du brauchst nicht unbedingt ein Held zu sein um an den Stufen des Altares Mich zu suchen. Derweil Ich Mich vor deinem Antlitz noch verborgen halte steigst du unermüdlich auf zu Meinen Geisteshöhn und wirst im hell- und helleren Lichte mählich Meine Gegenwart erfahren.

So kommt ein neues Element in deines Wesens Gloriole, und das ist was Ich Bin in völlig unversehrter und gediegener Natürlichkeit die ihresgleichen suchen. Das Bewusstsein höherer Sphären frank und frei erlangt zu haben erscheint dir wie ein Wunder der Barmherzigkeit des Himmels über dir.

Bist du bereit des Schicksals Herr zu werden und Unbekömmlichkeiten mit Geduld und Anmut anzunehmen, so darfst du bald einmal Mein inniges Erbarmen spüren. Das bedrohlich Angespannte löst sich wie von selbst, derweil Gelassenheit und Frieden sich gehaltvoll über deine Fluren breiten. Was dich bedrängt ist weiter mit Geduld zu tragen, doch schaust du es im Bilde deiner wahren Wirklichkeiten an, verliert es seine Dominanz und muss sich mit dem Titel einer Nebensächlichkeit begnügen. Die Sicht auf das Unendliche verleiht dir eine Seelensicherheit von wunderbar geschniegelter Manier und lässt dich glücklich und glückselig durch die Lebenszeiten fahren. Alles ist so gut wenn Ich mit

Meinen fabelhaften Qualitäten mit im Spiele bin und wenn du weisst wie sehr du dich auf Mich verlassen kannst. So fühlst du dich als wie von einem ewigen Frühling sanft und mild umfangen und getraust dich aus der engen Schale deiner selbst in die wunderbaren Weiten reinen Seins hinauszusegeln.

6.26

Was sinnig ist wird auch bei dir gebührend Anhang und Bewunderung finden. In diesem Punkte sind wir uns recht nah und können damit bald einmal zusammengehn. Immer ist es Mir daran gelegen so zu sein, dass dir an Meinem Handeln und Die-Welt-Verwandeln nichts zuwiderläuft, doch dann musst du es auch gebührend akzeptieren. Du wirst auch bald einmal erkennen, wie weise Ich die relevanten Vorder- wie die Hintergründe eingerichtet habe. Das gibt dir dann Gelegenheit deine Naseweisheit aufzugeben um nur noch in der Abgeklärtheit und Gewieftheit Meiner Zungenfertigkeit zu leben.

Du musst ja nicht bei Null beginnen; vieles hängt dir noch von frühern Inkarnationen an, ob es nun hemmend oder förderlich zu Buche steht. In grandiosen Zyklen baut sich alles auf was *ist* und was sich einst in Meines Seins erhabener Gestilltheit wieder findet. Das Mäanderhafte hat sich dann zu ruhiger Direktheit stilisiert an der du selbst wie deine ständigen Begleiter ihre helle Freude finden.

Noch manches trübe Fährtchen nach Canossa wird dir nötig sein, bis du gelernt hast achtsam und gewissenhaft voranzugehn. Ohne Fehltritt jedoch kannst du nur mit Mir im Bunde vorwärt schreiten und dich des Lebens ohne jede Skrupel freuen. So heisst wahre Bildung, dich in jedem Fall getrost an Mich heranzuwagen, der raschen und intensen Hilfe wegen die dir als Mein Sprössling auch gebührt.

Bist du auch in noch so vielen Künsten ordentlich bewandert so kann es nur die Eine sein, die dir wirklich Not tut und diese ist Mich herzenstief zu lieben und das vollendete Vertrauen in Mich wahrzunehmen in der Gediegenheit der Schöpfung und des Herrlichen in ihrem Schoss.

6.27

Eingepauktes kann nicht ohne weiteres abgerufen werden. Bist du wenig konzentriert so fällt dir dies und jenes nicht mehr ein und du erntest eine tüchtige Blamage. Ich hingegen muss Mich nimmer zweimal fragen. Unverzüglich ist Mir hell bewusst was je geschah und so hab Ich Mich niemals der Vergesslichkeit zu zeihen. Das gilt auch für jede deiner Lebenssituationen. Da Ich dich Bin prägt sich jedes Detail unverzüglich in das Weltgedächtnis ein und bleibt dort immerzu auf's Trefflichste erhalten. So kommst auch du nicht ungeschoren weg im Hinblick auf dein quasi letztes Stündchen. Ich zeige dir auf eine neue Art und Weise was du dir geleistet hast im Erdenleben. Du erlebst die Wirkung deiner Taten, ob sie denn verwerflich oder wohlgesittet waren. Dein Weltgefühl verändert sich im Sinn der Loyalität und Liebe allen Wesen gegenüber, welche du als Welten-Ich genauso wie dich selber Bist und wie du an dir selber dich erfreust oder an dir leidest in millionenfachen Stichen, Püffen und Verwerfungen.

Natürlich wünschest du dich nächstens besser zu verhalten, das heisst: in deiner nächsten Inkarnation mit weniger Unfug auszukommen. Die Sterne stehn für alle gut, denn diese Meine Sache hat System und gilt für alle jetzigen und kommenden Geschlechter weit und breit im Universentreiben.

Durch den Lernprozess den Ich vor aller Zeit in Gang gesetzt und immer besser ausgestattet habe, verbessert sich das menschliche Gebaren Jahr für Jahr und während Generationen. In Meinen Kreis geschlossen, bist auch du

Garant und Lieferant für eine neue Welt in welcher Frieden herrscht, Vertrauen, Gläubigkeit und holde Zwiesprach mit dem Sein, das Ich ihr Bin und dem sie sich voll Seligkeit ergeben. Du stehst auf was du in Mir Bist und findest dich als Sein vom Sein im allgemeinen schöpferischen Wohlstand wieder. Du beginnst die Kunst der Künste zu beherrschen, nämlich allem gut zu sein und liebevoll vertraut und inniglich und seelenvoll verbunden.

6.28

Mein Ideal ist immer noch, das Menschenbild als wohlgeordnet, liebenswürdig und galant zu sehn in einer allgemeinen Wohlfahrt und Geschicklichkeit im Dienen. Kannst du das gebührend nachvollziehn, so wirst du auch die Hoffnung in dir hegen können, dass noch einmal alles gut wird in den oft so wirren Menschenköpfen, den potenzverwaltenden Strategen wie den nur all so brav gefiederten Befehlsempfängern. Zu welcher Sorte willst denn du gehören? „Ich werde nur den engsten Freunden voll Vertrauen", wirst du sagen und dabei die Nase rümpfen über jene die Allotria mit sich selber treiben wie mit der Welt, die sie um sich herum erbaut und eingerichtet haben. Ich aber sage dir: Du sollst in allen gegenüber die dir so begegnen das Bewusstsein nähren, dass ein Gottesfunke sie belebt und dass du deinen Beitrag leisten willst ihn freizulegen. Das verändert dein Verhalten in der Menschenwelt in die du einst als Schüler des Gerechtseins und der Liebe eingetreten.

Es ist recht einfach gut zu sein im Ausleseverfahren. Doch an aller Welt denselben Hebel anzusetzen ist recht schwierig in der Tat. Dein Seinsgefährte zu gegebner Zeit kann auch ein Bettler oder ein Despot sein dem du auf eine Weise dienen sollst, dass er ein wenig besser wird in seiner Grundstruktur und seinem Denkend-sich-Verhalten. Ich Bin die Menschenwelt sollst du dir sagen und dabei Grossmut und Barmherzigkeit, Liebenswürdigkeit und Lauterkeit verströmen. Ganz Tugend sollst du sein und Mein Erwarten nicht enttäuschen auf Ergiebigkeit im Feld des seinsgerechten Handelns. Halte dich an Mich statt an die tausend anderen und wache auf an dem was Ich dir ständig ins Gewissen projiziere. Das macht dich frisch und munter in des wahren Seins Gefilden wo du dir selbst gefällig bist wie Mir in wunderbar beseligendem Herzensfrieden.

6.29

Graziös, leutselig und zutiefst gestillt will Ich dich sehn in Meinen Gauen der Gerechtigkeit und Heiterkeit am schwer geprüften Weltenleben. Evolution ist nach wie vor kein Pappenstiel, sie muss minutiös erdacht und aufs Tapet gebracht, ausgefeilt und locker durch Jahrtausende getrieben werden. Dein Einsatz ist dabei wie nichts gefragt, denn nur die lückenlos versammelte Gesamtheit aller Kräfte kann so viel an schöpferisch Erdachtem regelrecht zusammenfügen.

Hast du Stil, so siehst du ein, wie so viel Nützliches und Sagenhaftes sich nur unter den Bedingungen von Aufwall und Relieve, Verträumtheit und kristallener Bewusstheit, von verblüffender Beweglichkeit und meisterlicher Ruh geschehen kann. Was vor dir war und was noch kommt im Universenwesen ist so umfassend vielgestaltig und verästelt, dass es nur von Mir, dem Allgewaltigen und Alles-Überragenden, à fonds begriffen und geschliffen, befehligt und beseligt werden kann. Nichts kann ohne Mich gebührend und gekonnt agieren, reagieren und in sich versunken sein, um das Echo zu erlauschen seiner fulminanten Taten. Die Deinen sind gefragt, weil sie der Fantasie ein faszinierend Denkmal setzen an den Weg der Selbstbeherrschtheit, Tugend und Geselligkeit mit allem was da *ist* und sich ins Zeug legt, schonungslos, kapriziös und wohlerwogen.

Die Avancierten sind als Vorbild zu betrachten für die Heerschar aller strebenden Gemüter, die es ebenfalls hinauf zum grünen Zweig und zur Beseligung des Herzens bringen wollen. Wer wollte nicht so sein: Erfolgreich, gütig und erhaben über die Querelen seiner Tage, die ihm Sprungbrett sind zu immer neuen, gloriosen Taten. Alles soll dir als ein Wunder Meiner Seinserfahrung und Gediegenheit erscheinen, die dich ins Weltsein einbeziehen nach dem Grundsatz: Mein ist dein und dein ist mein in aller Offenheit und Lebenswonne, Seelensicherheit und Universenallegrie.

6.30

Flüssig und versiert, fabulös und sinngeladen eilt der Silberfluss dem Meer entgegen. So auch du Mein feingefühlter, liebevoll behüteter Gespan. Was dich erwartet ist des Seins Unendlichkeit als Offenbarung eines Mediums dem du schon immer angehörtest. Du Bist es und du strebst damit von A bis Z dir selbst entgegen.

Wo sich die Fürstenwege kreuzen zwischen dir und Mir da geht ein glorioses Licht auf in den Geistessphären. Die wahren Werte finden Ursach zu erscheinen und sie nisten sich für immer ein in deinem seismographisch aufgerüsteten Gemüte. Du bist vom Schauer der Erkenntnis deines Gotteswesens tief beglückt und lässest jegliche Bedenken über deine Zukunft willig von dir fahren. Freiheit ist nicht Zügellosigkeit, sondern immanentes Wissen um dich selbst in wunderbar erbaulicher Manier. Gereift und sieghaft gehst du aus den niederträchtigsten Versuchungen hervor die dich auf ihre widerliche Seite ziehen wollen.

Die Wirkung deiner Handlungsweise ist enorm und trägt sich ungehemmt und wellenförmig weiter durch die Raum- und Zeitäonen. Dein Schauen bringt dich in den Zustand reinen Überschauens und beschert dir eine Sicht auf das Unendliche von überragender Geschmeidigkeit und sagenhafter Harmonie. Aus dem Schwall von Überlebensfragen ist ein Antwortgruss geworden der auf's Präziseste gedeutet und auf alle noch so sehr verstiegnen Situationen angewendet werden kann. Wie kostbar ist ein seinsbefriedetes Gemüt, an welchem nur Erhabenheiten und Gottseligkeiten hangen. Wer erbarmt sich deiner, wenn nicht dieser hochgeborene Gedanke, der Ich Bin, und dessen Flanken dampfen vor Begeisterung am Rennen zu dir hin, um dich um etliche Kapitel in der wonnevollen Seinsgeschichte weiter, höher und ins Lichterfülltere zu führen.

6.31
Wahrhaftigen Frieden darfst du spüren dort wo Meine Wände für dich licht und transparent geworden sind. Es mehren sich die Zeichen, dass du Bist das Wesen der Unendlichkeit das weder Anfang kennt noch Ende und in dessen filigranem Seinsbewusstsein alles aufscheint und vergeht was *ist* und sein soll immerzu in seinen Wundern. Du bist zum Mittun eingesetzt ins grandiose Werk von Abermillionen und insofern du spurst und kurvst, kreierst und an ihm weiterbaust, sollst du es wahrlich nicht bereuen. Als Joker setze Ich dich ein an jenen Stellen wo es brennt und wo die Wesen hilfedürftig sind in ihren kapitalen Nöten. In vielen Fällen bist du überfordert, doch Ich eile dir zu Hilfe wo du gehst und stehst und sorge für Entlastung und herzinniges Relieve.
  Du brauchst dich niemals nach Mir umzuwenden, denn Ich Bin ständig in dir gegenwärtig als die Geistkraft die dich wunderbarerweis beseelt und dich voll Grazie ins Elysium führt nach deinem sehnenden Verlangen.
  Es macht gar keinen Sinn, Mir Widerstand zu leisten, weil damit die Kräfte, Säfte und Gegebenheiten aus dem Gleichgewicht geraten würden. Unheil würde folgen und verzweifeltes Nach-Rettung-und-Erlösung-Rufen. Was Ich dir jedoch vor die Seelenaugen führe ist das Heil der Welt das Ich dir Bin und in dessen Glanz und Güte, Auserlesenheit und Herrlichkeit du dich geborgen fühlen kannst in nie versiegender Manier. Versenkst du dich ganz in die Rolle, die zu spielen Ich dir anempfohlen

habe, hast du nichts mehr zu befürchten lebelang und ewig in der Lauterkeit des Seinsmysteriums. Du bist geworden was du immer in Mir warst und darfst dich in der reinen Sonne Gottes baden als verklärter, unversehrter und glückseliger Gefährte seiner Universenbahn.

6.32

Konsequent sein heisst, Erkanntes in die Tat und Wahrheit setzen, die ihm auch gebührt und die dir unbedingt zur Ehre und zum Heil gereicht vor Meinen ewig lichten Götteraugen.

Ausser dem sind in den Stein gemeisselt die Gesetze die dem Leben Form und Farbe, Fertigkeit und Plausibilität verleihen. Schweigend stehst du vor den Monumenten, welche dich zu wahrer Menschlichkeit erziehen wollen. Offne Tore sind es die direkt zur himmlischen Gerechtigkeit und Liebe führen. Folgst du den Gedanken von Vollzug und Auserlesenheit den sie verbreiten, betrittst du Meiner Sphären Absolutheit und unendliche Regie. Das Eherne begegnet dir und steigert deine Wachheit bis zum Überschauen der unendlichen Gefilde deren Herr und Meister Ich Mir Bin unter Innovation und Einbezug der deinen.

Ins regelrechte Licht gesetzt vermögen Meine Worte wahre Wunder zu bewirken von Unermesslichkeit, Erhabenheit und Bildung götterherrlicher Gedanken, die zu Heiterkeit und Seinsbewusstheit führen.

Im Anblick dieser Sagenhaftigkeiten musst du dich wie ein Held verhalten der noch im heissen Kampf vom körpernahen Heimsieg träumt und sich nicht lumpen lässt im hartgesottnen Hiebverteilen.

Dem Pflichtgang folgt das vaterländische Besinnen auf das schon in schwindelhafter Höh Erreichte wie das Entzücken, blickend auf das Künftige, das dir unendliche Befriedigung bringt, dezente Lauterkeit des Herzens und alles überströmende und liebessanfte Harmonie.

6.33

Das Offensichtliche erscheint glasklar vor Meinen Seelenaugen, dass Ich Bin, derweil Ich alles was geschieht und kommt und geht mit Nonchalance und wunderbarer Heiterkeit, Bewusstheit und Verklärtheit überlege. Gewinner Bin Ich dessen was Ich Mir gezielt erschaffen habe, Verehrer Meiner selbst in der Gemeinschaft derer die Mich heiss und vielgeliebt bewundern. Ich anerkenne noch so gern ihr buntes Treiben, weil es das Meine ist in ganz verschiednen Gütegraden. Du tätest gut daran mehr Sorgfalt auf die eigene Entfaltung zu verwenden als auf die sausenden Geschäfte, die dich zwar bereichern aber deine Seele arm und ärmer machen Tag für Tag. Wie denn, bin ich nicht gläubig und korrekt, wirst du Mich fragen? Da lautet Mein Bescheid: du sollst Mich mit der ganzen Inbrunst deines Herzens lieben und Mir deine Liebe zeigen durch das Mitgefühl das du für alle strebenden Geschöpfe in dir hegst, als wären sie dein eigen. Du schenkst Mir viel zu wenig Zeit, derweil du deinen sehr begrenzten Vorrat allem andern weihst was so daherkommt und dich fesselt unverschämterweise und banal.

Wende dich Mir zu und bitte um Erbarmen für dein Fehlverhalten, damit Ich dich erhöre und dir das Bewusstsein Meines Innewohnens schenke, unverzüglich, licht und wahr. Das ist es was dich, weit über deinem Eigensein und Sinnen, frei und friedvoll werden lässt. Das reine Glück des Daseins strömt dir zu und du schenkst Mir endlich die Gelegenheit dich aufzurüsten und mit Einsicht, Wonne am Gerechtsein, Seligkeit und Weltenliebe zu begaben.

7

Deines Wesens Schöpfungsvariante

7.1

Auch in Meiner Bottega ist nix zum Nulltarif zu haben. Damit Ich Mich für dich verwende braucht es deinen forschen Einsatz an der Front der Tugenden, die dich zu einem ausgewogenen und vielgeliebten Menschen stilisieren. Das ist die Glorie des Werdens, dass beide, du wie Ich, am selben Stricke ziehn und dabei die Wohlfahrt an sich und die Friedefertigkeit zum Ziele haben. Ich garantiere dir Vollendung deiner angespurten Taten, wenn sie nur in Meinem Sinn und Geist florieren sollen. Typische Bereiche Meines Unterweisens sind: Gehöriges Benehmen in der menschlichen Gemeinschaft, Freigiebigkeit und Solidarität, die in den Bereich der liebevollen Arten, wie des hochverehrten Wohlgeratens einzureihen sind.

In jedem Falle gilt es für Mich, rettend einzuspringen wo Gefahr droht und die Szenerien zu befrieden eh sie im Unverständnis auseinanderklaften. Kunstvoll ist es und gediegen, so zu wirken, dass im Equilibrium der Kräfte Ruhe herrscht im Seelenlande und im wesentlichen stille Heiterkeiten dominieren. Bist du über etwas aufgebracht sieh dir das Bild der Sterne an in stiller Nacht und lass ihr ruhevolles Dasein auf dich wirken. Da strömt schon viel vom Ewigen in dich hinein, um deiner Seele Wohlfahrt, Hochsinn und Begeisterung am Sein und Leben zu bescheren.

Lebst du vollends in dich und deine Weltaffären eingezogen, stehst du im Universensein von Meinem Minnesang vollends verloren da, weil es dir zu grandios ist um an seiner Wohlbegründetheit und seiner Anmut teilzuhaben. Das aber kann dir wohl gelingen, wenn du Meine Gegenwart in deines Wesens Schöpfungsvariante konstatierst und dich so mit dem Unendlichen aufs Innigste verbunden fühlst. Das kannst du haben, wenn du dich im Stillesein Mir weißt in deines Herzens Innigkeit und Trost, Gottverehrung und Natürlichkeit in deinem rein und wonnevoll gewordnen Leben.

7.2

Eine schöne Bescherung treffen Millionen an, wenn sich die Weihnachtszeit zum x-ten Male wiederholt und Myriaden von Kerzen still ihr Licht verströmen. Deine Geistgeburt jedoch vollzieht sich in der Herzenswiege, wenn du dich dem Unendlichen weihst, das heimisch ist in ihm geworden. Treuherzig schaust du den bestirnten Himmel an und siehst dich von ihm dazu animiert an einen Gottesgeist zu glauben, der die Fernen wie die Nähen sich zur Offenbarung seiner selbst erschuf. Er offenbart sich auch in dir in Geistpotenz und liebevollem Kräftestrahlen.

Die bewegende Geschichte deines Seins muss aufgezeichnet und allüberall verkündet werden als ein Beispiel für die sagenhaften Möglichkeiten der Entfaltung, die in jedes Menschen Sein verborgen liegen. Sie zu entdecken und in vollem Umfang auszuleben bist du hier und lernst zu sein in alle Ewigkeiten.

Madrigale mögen deine Ohren wunderbar liebkosen, wenn sie von dem Lichten kommen, das Ich Bin und dessen Räume Ich in Universenweiten wonnevoll bewohne. Geringe Geister haben indes nichts als Trübes anzubieten, das du bewusst und siegessicher meiden sollst wie Pech und Schwefel, Unlust und umlauernde Gefahr. Nicht umsonst hab Ich dir Seelenruh und Konzentration auf was du Bist verschrieben. Das führt dich dominant und unverzüglich Meinen Werten und Verwirklichungen, Heiligtümern und bewussten Helligkeiten zu. Es gibt die heile Welt, du brauchst sie nur voll Eifer anzustreben, dann wird sie sich dir öffnen wie der Sesam und wird dir ihre Schätze präsentieren, makellos und wunderbar. Ohne jede Sorge darfst du durch das Sein flanieren mit dem Ich dich umflore und erfülle und das du selber Bist in deines Wesens Kontinuität, Verbindlichkeit und Seinsglückseligkeit in allertiefst verschwiegener Manier.

7.3

Sowie die Rede von Mir ist, verziehe Ich Mich ins Geheimnis Meiner selbst und Bin wie nicht vorhanden allsolange bis geschwiegen wird vor Mir, worauf Ich Mich den Frommgewordenen voll Zartheit offenbare. Was kann es Deutlichers für deine Weltschau geben als dies Wort der tiefen Einsicht, Klarheit, Kontinuität und Drift von meisterlichem Styl. Statt viele Worte zu verlieren schreite Ich wohlüberlegt und zielbewusst zur Tat der tausend Künste, die der Welt Mein sagenhaftes Können offenbaren.

Für dich gilt es, aus allem was da *ist*, zu lernen, um dich selber immer besser zu begreifen. Leben heisst, den Dingen auf den Grund zu gehn um sie schlussendlich zu bemeistern und mit ihrem Wesen eins zu werden. Friede herrscht wo alle sich im Wesen kennen und sich der Qualitäten freuen und bedienen die der Gemeinschaft zur Verfügung stehn. Mein Sinn und Geist durchströmt die Zellen der Alleinigkeit mit Mir und gibt den Ton an für das meisterliche Singen ebenso wie für die tausend weiteren Ambitionen die zu bedienen und befrieden sind.

Das Schläfrige hat dem Wachen zu gehorchen, ist ein uralter Grundsatz nach welchem Ich den Fluss und Überfluss der Zeit beherrsche und zum allgemeinen Wohl in rechte Bahnen leite. Bist du Mir ergeben wird das auch für dich gebührend stimmen und damit die Stimmung auf fantastischem Niveau erhalten.

Trotzdem sorgt Vergänglichkeit für neue Sorten und Bedingungen von Meiner Seite, die allesamt der Grandeur Meiner Meisterzüge dienen. Es ist bei allem Ernst ein Spiel das Ich hier treibe und das auch dich betrifft in deinem Habitus und Wohlgelingen, deiner Ich-Sucht und dem aus ihrem Duktus resultierenden Versagen. Alles muss bezahlt und ausgebügelt werden, dem enormen Equilibrium zu Ehren, das Mein Ein und Alles ist im Wettlauf der Äonen um Gerechtigkeit am Weltenwerk das Ich inauguriert und stets auf heiterm

Kurs gehalten habe. Alles ist dir zugekehrt und alles kommt zu Mir zurück um endlich reine Seligkeit und unerschöpfliche Befriedung zu geniessen.

7.4

Von einer Wohlfahrt ganz besond`rer Art und Weise will Ich dir erzählen, liebe gertenschlanke Seele. Es ist die Wiege allen Lebens, das bewundernswerte Sein, an dem sich alle Würdigen und Wagemuten auf's Köstlichste erlaben. Noch bevor die Strahlensonne sich am Horizont erhebt will Ich, was du heimlich Bist, zu Mir ins Reich der Seligkeit erheben, um es mit der Labsal reiner Gotteswonne zu beleben. Du bist geradeso wie Myriaden andere geartet, dass du wirklich brauchst mit was Ich dich allnächtig liebevoll begabe, damit du neu gestärkt ins Leben treten kannst, im Lieben und Gestalten, irgendwo.

Nun da Ich dich noch bei der Tagesarbeit schuften seh, steigt Mir das Mitleid hoch und Ich beginne angemessnen Beistand von Mir zu bewirken. Wo du gehst und stehst Bin Ich als treuer Kamerad an deiner Seite und verkläre dir der Dinge Überfluss, die dich bedrängen und verführen, recht bedienen und vehement zu deinen Gunsten operieren. Es gilt für dich zu unterscheiden was dir wahrhaft nützt und was dich auf dem Weg zu Meiner Herrlichkeit behindert bis zur Qual. Dein Erkennen fördernd setze Ich dir Gutes ins Gewissen und bewirke damit Menschengüte, Weltengüte, Gottesgüte überall in allen Regionen die da *sind* und auf unendliche Erlösung harren. Alles ist verquickt, verschlüsselt und verschwiegen allsolange bis Ich dich vom Einen überzeugt und eingeschliffen habe, das Ich Bin, und dessen du in dir Gewahr wirst zweifellos in wunderbaren Meditationen. Gebändigt sind die Kräfte des Versagens und zur vollen Blüte angewachsen jene die von Fortschritt, Evolution und Geistesstärke was verstehn. An Meiner Seite seh Ich dich vollends entfaltet durch das Sein flanieren und damit nach Meinem Willen ins bewusst Holdselige hinüberfluten. Als Erlöster sollst du dich bekennen und darfst als Bürger Meines Reiches obenhin voll Wonne, Heiterkeit und Glück durchs heilgeworde Leben fürbass gehn.

7.5

Wer wandert wandert unbedingt dem Himmelslicht entgegen auch wenn er es nicht weiss auf seinen mannigfach vor ihn drapierten Schicksalswegen. Wer kann schon völlig unbeschwert sein Dasein mit den Worten: „O mein liebes Leben, wie bist du doch so schön", beschreiben? Ich allein, der von dem Himmel ist mit seinen mannigfachen Wundergaben. Mir gelingt es ausgezeichnet, alles was Mir nicht geheuer ist mit Schwung und Rasse auszumerzen, damit es keinen Schaden stiften kann in Meinem Reich der hunderttausend Visionen und Verwirklichungen geistiger und weltlicher Natur. So kann Ich Mich zu aller Zeit zutiefst an dem erbauen was in Mir durch Mich geschieht. Es entspringt ja Meinem fabelhaften Fantasieren und strahlt das unsagbare Glück des Existierens wieder. Meine Züge sind entspannt und lächeln in den fortgeschrittnen menschlichen Gemütern Meinen eigenen entgegen. Wie willst du dies Geheimnisvolle einmal lösen, frag Ich dich im Tiefsten an? Das kann nur durch die seinsgefällige Vereinigung mit Mir geschehn, zu der Ich dir seit eh und je voll Inbrunst und gottseliger Gewieftheit liebevoll verhelfen will. Einmal wirst du dir ein völlig andrer, als du bisher warst, geworden sein. Dann überschaust du, wachenden Gewissens, deines Lebens irdische und himmlische Belange und leitest davon ab, was du in ihnen wirklich Bist als ein Vielerfahrener von Gottes Gnaden und Befehl. Alles was du Bist reimt sich zu einem Melos von unendlicher Geschicklichkeit zusammen, an dem du dich beständig und zutiefst erbaust in deinen vielerfahrnen Lebenswogenei`n. Deine Früchte sind gereift und du bist dazu angehalten sie herzinnig zu geniessen und dich an ihrem Wohlgeschmack voll Wonne zu erfreuen.

So wird dir, als der Krone Meiner Schöpfung, noch ein Zacken zugefügt, und dein wahres Wesen steht als Schöpfungswunder da um sich bis ins unendlich Weite weiter zu entfalten.

7.6

Beständig sei und gütig als das Wesen hochgezogener Empfindsamkeit von Meiner Sinnkraft wie der Fülle Meiner Gnaden. Das Verhältnis zwischen dir und Mir soll einem cantus firmus gleichen, dem Ruhe und Gelassenheit entströmt, Vertrautheit und verheissungsvoller Frieden. Das eigentliche Weltgeschehn wird dirigiert vom Innesein nach Draussen, von der Fasslichkeit der strömenden Gedanken zur robust gesetzten Tat. Was von Mir zu dir geschieht überschreitet leichthin alle Grenzen, welche das Verstandesmässige in seinem Eifer um sich zieht. Gediegne Offenbarung leuchtet auf, wo die profanen Sinne in die Nacht versinken.

Hier gilt was sich die Seele schlicht und segensreich erfühlt. Hast du gelernt ihr wechselndes Gestimmtsein zu erlauschen, vermagst du, wie von liebevoller Hand geführt, selbstsicher und gekonnt durch alle Fährnisse der Welt zu schreiten.

Was Ich dir Bin ist ein bewusstes und verheissungsvolles Vorbereiten dessen, was ohne jedes Wenn und Aber von dir zu vollenden ist im Lauf der vielgelobten Lebenszeiten. Zwar schlitterst du bald hier bald dort dem Ungewissen zu, doch ist es Mir wie nichts daran gelegen dich auf firmem Kurs zu halten Meinem lichten, unbeschwerten und verehrenswerten Gottesreich entgegen. Vom Weltenkummer steigst du ständig auf zur Wohlbedachtheit und Erlesenheit der Vielfalt Meiner universenweiten Schöpfertaten und bedenkst was sie an Weisheit, Fertigkeit und heiterer Beständigkeit in ihrem Wesen tragen. Das ist das Wohlgeordnete und Makellose

das Ich wachen Sinnens von Mir offenbare und das von
dir ergriffen werden soll, bewusst und konstruktiv, mit
gottgeführten Händen wie mit einer Heiterkeit die vom
Unendlichen genährt ist und die dir ohne jeden Abstrich
helle Freuden des Elysium gewährt von *Meinem* Nimbus
und gottseligen Erlaben.

7.7

Nun mach dich auf, die Herrlichkeit des Herrn zu spüren
und seiner Gegenwart die Ehre zu erweisen die ihr
unbedingt gebührt. Du kannst dir denken wie gefällig du
vor Meinem Angesicht erscheinst, wenn alles Liebens-
werte stimmt in deinem Leben. Welche Schritte du auch
immer unternimmst, sie laufen schnurgerade auf Mich zu
und drängen sich mit Vehemenz der Seinsvollendung
und der himmlischen Glückseligkeit entgegen. Willst du
ein Meisterstück gebären so feile an dir selbst herum bis
alle scharfen Kanten ausgebügelt und gerundet sind im
Lauf von vielerfahrnen Jahren. Die Charaktersache ist ein
Dossier von kapitalem Umfang, welches stets gepflegt
und ausgebessert werden soll bis es sich wahrlich sehen
lassen kann in jedem noch so anspruchsvollen Milieu. Es
gilt für dich und alle lernend sich zurechtzufinden in den
Geistgefilden um sich her. Da musst du mancher
tückischen Versuchung standhaft widerstehen, um das
Tableau deiner Seinsgeschichte reinzuhalten von ver-
wunschenen Bemerkungen, womit genügend Raum
vorhanden ist für ausgezeichnete Parolen. Was Ich von
dir zu sagen haben werde, soll als Kunstwerk der
Beschauung vor der Welt erstehn. Die Memoiren über
deine Meistertaten sollen ganze Bände füllen und dem
Volke offenbaren, zu was für preziösen Unternehmungen
die Gesegneten des Vaters fähig sind in ihrem Ungestüm
wie in der Sanftmut des Sich-selbst-Gestaltens. Wer
immer sich dazu ermannt den Sinn der Welt nach
Meinem auszurichten, gesellt sich zu der Freudenschar
die alles unternimmt um Meinen Garten Eden liebevoll

zu pflegen. Dann wird in ihm der Götterstil zum Vorschein kommen der wie eh und je Mein Bild vom wahren Fortschritt prägt, auf Trab erhält und es auf's Trefflichste veredelt. Der Bund mit Mir ermöglicht solches Walten und Entfalten und führt unfehlbar zum reinsten Glück, zur Lebensharmonie wie zum so lang ersehnten Herzensfrieden.

7.8

Auch du darfst voll Begeisterung und Nonchalance an einer Weltenzukunft bauen, die verhält und aufblüht in der liebevollen Menschlichkeit die ihr zu eigen. Ich will in voller Geistesgrösse und Gediegenheit mit dir spazieren gehn, und unsern Fersen soll der Friede und die allerlieblichste der Seinsgeschichten folgen. Das Geistesbanner ist in ihr tagtäglich hochgezogen und die Sonne der Erkenntnis deiner selbst strahlt dir von innen her ihr sagenhaftes Licht entgegen. Eine Meisterschaft im Dienen an des Herren Weltenwerk ist für dich angebrochen. Du schweigst wo aberviele noch von ihren menschgewordnen Nöten irre durcheinander reden. Der Gottesgeist ist wie ein sanfter Blitz in dich gefahren und verbreitet sich allüberall in deinem Wesen als das Nonplusultra allen Heils und aller Wohlgefälligkeit auf deinen Schicksalswegen. Selbander mit dem Weltgeist durch die Lebenszeit zu schreiten ist die allerbeste Art zu reüssieren und *einen* strahlenden Erfolg gewandt und unfehlbar dem nächsten anzureihen.

  Die wahre Heiligung kann nur im Herrn geschehn, weil jedes Seinsgefühl von ihm gespendet und auf höchster Höh` erhalten wird im Ewigen das du galant für dich errungen.

  Merke dir den Vorsatz: Aller Güte Seim strömt Mir aus dem Unendlichen entgegen und verwandelt Meines Menschseins Attitüde in ein Fest der Freude und der Findigkeit am Sein und Leben. Statt dir am alltäglichen Klamauk die Zähne auszubeissen, lässest du das Zeitliche in Demut und Gelassenheit an dir geschehn, indem du dich von Mir geführt weisst durch die ärgsten Klippen und Gefahren die da *sind*, um dich auf Beständigkeit zu prüfen und dir Meine resolute Wendigkeit im seinsgewissen Siegeslauf zu offenbaren.

7.9

Mit Mir Vermählte dürfen mit geschwellten Segeln in die gloriose Zukunft gleiten, die Ich ihnen liebevoll vergüte. Ihre Absicht ist die Meine und ihr Adlerblick der Meinige geworden. Willst du dulden, dass Ich dich begleite, wo immer du die Füsse lenkst, dein Tagwerk zu vollbringen? Ist es dir bewusst mit welcher Vehemenz Ich jedes Unheil, das dir widerfahren möchte, zu verhindern suche? Was in deinen Augen wohl als ungeschickt erscheint ist von Mir gewollt in weiser Übereinkunft mit den prüfenden Notwendigkeiten. Alles ist zu deinem Fortschritt und zu deiner Seinsbegeisterung gedacht, was Ich in deinem Leben inszeniere. Von deiner Seite braucht es Einsicht und Geduld solange, bis Ich dir jedwelchen Eingriff in dein Leben minutiös erläutern kann.

Unerwartetes geschieht dir um des raschen Reagierens Willen, das zu schulen ist mit Mir. Stets Bin Ich dem, was dir noch dienen könnte, zugetan. Zeitgleich mit den Prüfungen darfst du gewahren, welche Wonne dir die Nähe Meiner himmlischen Gerechtigkeit bereitet. Dein Bewusstsein weitet sich ins Reich der Sternenräume wo alle Wimpel auf Erfüllung weisen. Des Lebens Strenge löst sich auf in mancherlei Begünstigungen, die der Einzelne direkt von Mir erfährt wie von der Grazie, die Ich ihm seines Eifers wegen, gut zu werden, noch so gern gewähre. Die Benotung fällt zu deinen Gunsten aus und was mit weiser Vorsicht an dir auf Bewährung, Zuverlässigkeit, Geschicklichkeit und Wohlanständigkeit hinausgeht, prägt dein Wesen und versieht es mit dem Sinn für das Unendliche an dessen Reifung Mir so viel gelegen. Schlussendlich ist dein Götterwohl besiegelt im Olymp, zu dem Ich dich so liebevoll getragen. Du schweigst im Wonnesein das dir geschieht und verstrahlst dein Glück in alle Himmelsweiten, deren Teil du nun geworden bist, glückselig, makellos und maienfrisch in Mir.

7.10

Merkwürdig sind die Zeiten deren Teil und Tüchtigkeit du Bist unter Meinem Schutz und Schild und Meiner Himmelsgunst von Gottes liebevollem Sich-Verstrahlen. Was immer Ich vor dir verbreite ist vom Thron der Weisheit stilgerecht zu dir hinabgestiegen, um dich zu beglücken mit dem Hauch der seligen Verbundenheit mit Mir. Kaum zu fassen ist es für dein scintillierendes Gemüt, dass du mit des Universengottes Majestät und Aberwürdigkeit so innig und begehrenswert verwandt sein sollst wie sonst nur Zwillingsbrüder sich verbunden wissen. Das ist ein Hit für dich, mit dem bewusst begabt zu sein die meisten nicht einmal zu träumen wagen. Du aber sollst in allen Ehren mit Mir über deinen sagenhaften Status einig werden. Dann beginnt es auch in dir zu tagen und du trittst wie einer auf, der über Nacht unendlich viel zu sagen hat aus den Tiefen seines Ich-Werts wie dem fürstlichen Sein-Sein-Geniessen.

Erst im Speziellen bist du wahrhaft gross, das heisst, du bist dir deines Wesenseins bewusst als unveräusserlicher Teil des Universenganzen, das ohne dich den Makel des Nicht-ganz-vollendet-Seins ertragen müsste. Das ist nun wie ein königliches Brautgeschenk, dass du mit Mir im Wesensbunde stehst, beglückt mit hunderttausend götterlichten Gnaden. Du brauchst nur haargenau zu wissen, mit welch unendlicher Empfehlung und Erhabenheit du ausgestattet bist, um neue Welten zu erschaffen aus dem Drang zum Tätigsein wie aus der Freude und Begeisterung, vor einem neuen Werk der Anmut und Vollkommenheit zu weilen. Bist du so, so darfst du dich voll Selbstbewusstheit und Manierlichkeit im Buch der

Weisheit präsentieren, was bedeutet, dass dir reines Glück beschert ist in des Seins Konstanz, Geselligkeit mit Mir, Holdseligkeit wie liebevollem Dich-an-alle-Welt-Vestrahlen.

7.11

Glamour, Amour und gelassenes Im-Sein-Verweilen wünsch Ich dir ob allen penetranten Nöten, die dich noch behelligen und quälen mögen. Du bist an Meinem Hof wie Braut und Bräutigam aufs Allerschicklichste geborgen und darfst dich ohne Unterscheiden mit Mir vermählt und in Mich eingeboren sehn. Das ist gewiss das Hochwillkommenste was dir geschehen kann und was dich dazu animiert, genau nach Meinem Sinn und Geist durch's lange Leben zu verfahren. Du stellst dich wahrhaft gottesdienstlich an und lässest dich auch nicht beirren von der unverschämten und geldgierigen Freibeuterei, die in gar vielen höheren Etagen herrscht und damit ein Exempel eklatanter Unbotmässigkeit und Grobheit statuiert.

Nach Meiner Geige tanzen heisst bewusst dem Allgemeinen zu gehören, das Ich Bin, und dem zu folgen sagenhaften Segen bringt für Millionen. Auch für dich hat die erhabne Stunde des Erfüllens Meiner Seinserwartungen geschlagen. Dein Gottvertrauen tritt in Aktion und hebt dich weit hinauf ins Reich der himmlischen Barmherzigkeit und ihrem Alles-Eigensinnige-bewusst-Besiegen. Als Metamorphose in das wahre Welt- und Lebensein will Ich bezeichnen was hier vorgeht um der Gerechtigkeit und Schönheit des Gestaltens Willen die Ich intendiere und behutsam etabliere in der Menschlichkeit so vielversprechendem und seinssubtilen Schoss. Im Zug des überragenden Gelingens Meiner Pläne wird auch dieser Ansatz seine wunderbaren Früchte bringen und Gelöstheit zeitigen allüberall wo Einsicht herrscht und kluggewordnes Disponieren. Das ist Mein Ein und Alles auch in dir und macht dich fähig Meinen Pfad der schillernden Genügsamkeit zu gehn und auf ihm glücklich, seinsbewusst, prägnant und friedevoll zu werden.

7.12
Seidenweich und unerbittlich kann Ich sein in jenen Zirkeln wo es darauf ankommt unbedingt zu reüssieren in Sachen Seinsbewusstheit, Universenwirklichkeit und gottgefälliger Regie. Auch du bist ins Konzept von Meines Willens Güte eingebunden und darfst dich rühmen des Allerhöchsten rechte Hand und Seinsbevollmächtigter zu sein in allen Regionen deines Handelns und vor Mir Bestehns. Gewissheit will Ich dir verschaffen über deine Herkunft und dein aberwürdig ausgetragnes Menschenlos. Es ist erstaunlich, dass so mancher guter Bürger dieser Welt gar nicht zu wissen scheint wo ihm das erste Stündchen hat geschlagen. Ich aber sage dir: Du bist im zeitenlosen Sein schon immer Mich als dich gewesen. Jede deiner Inkarnationen ist aus diesem Grunde nur der Anfang und das Ende einer Lebensepisode, die dich um ein Schrittchen weiter Richtung Sein befördert, das Ich Bin und das du Bist in Mir. Das ist die rechte Antwort auf die Frage nach der Herkunft deines Wesens. Sie verhält was sie verspricht, nämlich die gottselige Gewissheit, dass du Bist und versetzt dich in die Lage der Gottseligen die ihr Weisesein direkt vom höchsten Thron beziehen. Du atmest auf in seinen Geistesgauen und bewegst dich im Gedankenspiel begeistert und bewusst, erhaben und in tiefgefasster Seligkeit durch sie.

7.13
Willst du in Sanftmut und Herzinnigkeit durchs Leben gehn so lasse dich bedingungslos und leise von Mir führen. Ich will dir wohl vom Anfang bis zu deinen allerletzten Tagen und verführe dich dazu, mehr als du wolltest an Mein Sein zu denken in der Lebenstage Pracht und Ironie. Du musst dem Trend der Allgemeinheit

folgen und hast nur wenig Spielraum um die Eigenheiten zu verwirklichen, die dir so sehr am Herzen liegen. Das ist, damit auch du ein demokratisches Gefühl entwickelst und am Ende allen wohlwillst die dein Leben auch nur leis touchieren.

Ich imponiere dir mit Universenweiten, welche durch enorme Kühnheit und Verwegenheit entstanden sind und immer weiter expandieren. Mit ihnen weitet sich auch Mein bewundernswertes Seinsgewissen geradeso wie deins, in der Gemeinsamkeit der götterlichen Seinsallüren. Der Gewinnende bist du, derweil Ich Mich an dich verliere. Gewinnen ist auch Meine Sache sowie du dich vollends dem Göttlichen dahingibst in vollendet aufgemachten Geisteszügen.

Niemand ist verpflichtet Mir zu folgen, doch wenn du's übers Herz bringst, öffnet sich vor deinen Geistesblicken eine Wesenswelt von Schönheit und Glückseligkeit, Gelassenheit und Harmonie im sagenhaften Sein das allem innewohnt in der Verwirklichung der Geisteswogenei`n.

Du bist der Kapitän auf deiner Schale, Ich Bin das Meer der Güte das dich trägt bis ins Gewissen der Unendlichkeit, mit ihrem Duften und Sich-universenweit-Verströmen.

7.14

Wie bist du doch aus Meiner Sicht ein Praktikant der höheren Ideen, deren aberviele sind aus Mir geflossen ein bezaubernd Meer. Favorit sollst du Mir werden bei der Suche dessen was du Bist, indem Ich dich besuche als vertrauter und gewissenhafter Seinsgespan.

Das Unerklärliche liegt dir auf einmal glasklar vor den Seelenaugen. Du gehabst dich wie die Kenner sich gehaben und vermittelst Weisheit durch das Wort das Ich dir mitten auf den Weg gegeben. Du versuchst zu punkten wo die Weltendinge auf Erfüllung stehn. Trotzdem Bin Ich dir immer einen Punkt voraus in

Meinen götterlichen Dispositionen, die von keinem noch so kühnen Kraftakt überboten werden können.

Es gilt für dich das Mass zu suchen zwischen dir und Mir und es zu finden vom Minimalen bis zum Grandiosen als von Mir gegeben und geführt, geweiht und zu Mir auferstanden.

Fehlt dir die Einsicht in Mein Resümee, so wird dir alles was du wolltest bald verdorben sein. Bist du dir jedoch Meines Glanzes in dir hell bewusst, blüht alles was du Bist in hellen Farben auf derweil du dich beglückt in Meiner Liebesgärten Pracht ergehst. In Ehrfurcht fällst du vor dem nieder was Ich in allem Bin und bedankst dich innig für das Gute das daraus für dich erspriesst. Da lässt du allen Missmut stante pede von dir fahren und betrittst die heiligen Hallen Meiner sagenhaften Schöpferfantasie. Darinnen wirst auch du dich selber finden und in Bezug auf Genialität und Klugheit mit Mir einig gehn. Recht bald wird dir bewusst, dass es nicht zwei geben kann im All der Welten, sondern nur das Eine das Ich Bin allüberall wo Leben ist, dezentes Sein und Übermut des Existierens. Es gilt für dich wie für die Seinsverständigen das Ja zu finden zu dem was überall in Fülle sich verbreitet und dabei zu ahnen, dass du selbst dahintersteckst mit allen liebevollen wie auch brachialen Konsequenzen. Das beschert dir dann den Niedergang jedwelcher Rebellion, sowie im selben Treff das Auferstehen einer Weltsicht von Erhabenheit und Grossmut, Lebensliebe und Rechtschaffenheit in allen Sparten die ich zauberhaft vor dir verbreite zur Beseligung und zum unendlich liebevollen Wohl.

7.15

Der Redliche gewinnt, derweil der Raffer ständig an Substanz verliert vor Meinen Götteraugen. Das Wesen Gottes ist getrimmt darauf sich zu verschenken und daraus den grössten Nutzen für das Ganze zu gewinnen. Auch du sollst dich zu denen schlagen, die für jeden etwas übrig haben dem es nötig ist in seiner Unbeholfenheit und seinem ärmlichen Betragen.

Wen wundert es, wenn Reichtum gierig macht nach mehr und mehr weit über den Bedarf in massvoll hingelebten Tagen? Die Göttin der Vernunft muss hier das Gegenteil von dem was sie erzielen wollte, gelten lassen. Mein Resümee ist: Willst du Meines Gottesherzens Gunst und Kunst gewinnen, spende viel und lass dir Meinen Segen dazu wohl gefallen. Die Getreuen Meiner Kräfte wissen, dass mein Liebesbrunnen nie versiegt, soviel sie immer daraus schöpfen mögen.

Wofür du dich gerechterweis verwendest trägt dir Meinen Segen ein und dieser ist mit Geld nicht aufzuwiegen. Du sollst erkennen wie die Dinge dieser Welt im Geistessinne vor dir liegen. Dann brauchst du nimmermehr „das Spiel ist aus" zu brontolieren. Vielmehr ist es treffend „es beginnt erst jetzt so richtig" vor dich hin zu murmeln, denn du beginnst, was sich ereignet, im Licht des Ewigen zu sehn. Kontinuität von allem was du Bist ist angesagt und eine neue Perspektive ins Unendliche hinein wird dich wie nichts begeistern und beleben, beglücken und mit des Himmels Grazie und Wohlfahrt wunderbar vermählen.

7.16

Noblesse oblige will Ich dir ins Stammbuch schreiben und dabei betonen, dass Ich Mich in diesem Sinne längst mit dir aufs Innigste verbunden habe. Damit aber bist auch du verpflichtet dich Mir gegenüber aufmerksam, anständig und verbindlich zu benehmen. Vollends weise ist es, wenn du so subtil und seelenvoll agierst, dass sich dein Wesensein von Meinem nicht mehr unterscheiden lässt mit noch so hochgespannter Akribie. Deine inneren Werte sind dann gleich den Meinen und deine Wesensqualitäten ebenso geworden. Der Erfolg von deiner Leistung schlägt sich bald in allen Sparten deiner Lebenshaltung nieder und lässt Harmonie, Gesundheit,

Wohlgefälligkeit und spielerische Lauterkeit zum Zuge kommen.

„Du erntest was du säst", ist auch in deinem Fall die trefflichste Devise für dein Tun wie für deine wundervolle Zukunft und lässt in deinem Seelenreich die allerschönsten Blümchen spriessen. Der Adel deines Herzens zieht die wägsten und verehrenswertesten Gemüter an und lässt sie mit dir schlichte und verehrenswerte Freuden tanzen.

Du bringst auf, was Mir gefällt und bringst dich damit in die Lage, vor dem Herrn der Welt in ruhiger Gewissheit und Versiertheit zu bestehn. Gürte dich mit weisen Definitionen und vernimm das Rauschen Meiner Haine im erspriesslichen Spazierengehn. Das Erquickliche im Weltensein kommt an deines Herzens Hofe unvermittelt und erfinderisch zum Tragen. Du gewinnst damit die Achtung derer die mit dir Verbindung pflegen, wie auch jener die, dir unbekannt, an deinem Lebenswerk vorübergehn. Erfüllung und Bewusstheit ist es was dir blüht, und aus den Kammern deiner Wohlgestimmtheit tönt Musik der feinsten Art, die Menschen je erfunden haben. Alles weist auf Wohlgehalt und Stärke, Erhabenheit und Wachheit hin, und deines Hauptes wohlgeordnete Gedanken funkeln wie das Sternenheer am mächtigen Gewölbe allem Weltensein Holdseligkeit, herzinnige Vertrautheit, Lebensglück und wunderbare Ruh entgegen.

7.17

Was baut sich vor dir auf wenn nicht der Tempel reiner Seligkeit in Meinem ewigen Genügen? So köstlich und geweiht, entschieden und manierlich sind die Gedankenläufe hier, dass niemals weder Schimpf noch Schande, Ungemach und Trug durch sie entstehen und bestehen können. Was also ist dein Schicksal, wenn du eingezogen bist in Meines Reiches Ebenmässigkeit und Feuerkraft, Kaprize und verehrenswerte Fantasie? Reine Wonne, kann Ich ohne jeden Abstrich oder eine smarte Übertreibung ungeniert von Mir behaupten der Ich Bin und mit dem die weisesten der Geister und gewissenhaftesten Propheten regen Umgang pflegen. Willst du nun zur Gilde der Verklärten und Geläuterten gehören, so rate Ich dir dringend an, ebenfalls in die Betrachtung Meiner gottgeweihten Dinge zu verfallen die da *sind*: Seinsnatürliche Erhabenheit, holdseligmachende Kontrolle der Gedanken und Allliebe, deren fulminantes Sich-Verstrahlen sonnengleiche Wärme, Helle, Lieblichkeit und Zartheit zeitigt, die uns noch viel Bewegendes und Filigranes mitzuteilen haben.

Hast du nun den Mumm auch als kleinerscheinende Figur an deiner wahren, grandiosen Grösse nicht zu zweifeln, so stehe Ich dir bei durch Dick und Dünn, durch alle Reibereien, welche in der Lebenswelt florieren wie durch das Dunkel das durch Unbewusstheit und Gedankenlosigkeit entsteht. Du brauchst nur Mich, das reine Licht, voll Eifer und Entschiedenheit zu suchen und schon lasse Ich es dich erfühlen wunderbarerweis in Mir. Du gewinnst enorm wenn du dich bückst um aufzuheben, was Ich an dich verschwendet habe und erfährst dich selbst als mustergültiger Verwandler Meiner Züge in ein Fest der reinen Seinsgefälligkeit und Harmonie, Holdseligkeit und Wesensglück im Leben.

7.18

Tonangebend ist allein was Ich an deines Herzens Hof entsende und als Mittel zur Beseligung der Welt durch dich verwende. Direktkontakte Meinerseits sind schwierig zu vollziehn und so bediene Ich Mich der Myriadenschar der Menschen, um dem Willen Meiner Weisheit Wirklichkeit und Dauer zu verschaffen. Bist du dir bewusst ein Werkzeug höherer Gewalten und ein gewaltiger Prophet zu sein, so agierst du vollbewusst in diesem Sinne und lässest dir kein Härchen krümmen bei der exakten Übermittlung Meiner sinngeladnen Definitionen.

Was du an Meiner Stelle in der Menschenwelt erscheinen lässest ist auf Wirkung angelegt für Millionen und lässt Vertrauen, Herzensfrieden, Mut und Linientreue in den vielen auferstehn. Sie finden sich zusammen zu gemeinschaftlichem Tun und stilisieren ihres Lebens Kraft und Süsse bis zur übersinnlichen Gewandtheit und Erfolgsgeschichte Meiner Art und Weise mit den Lebensdingen umzugehn.

Du streifst noch viel zu oft in Gegenden herum die weit entfernt von Meiner Bildung, Billigung und Aufgelöstheit sind. Daraus entstehen Turbulenzen, Widrigkeiten und Verhängnisse von seinbrutalem Überschwang, die von Eigensinn und Geltungsdrang beredtes Zeugnis geben.

Ich hingegen flechte Kränze der Beschauung, Grazie und Anmut in das Völkerleben. Alles was Ich mit dem Hauch der Himmelszärtlichkeit berühre blüht voll Verve und Anmut auf in Meinem Liebesgarten. Das Befremden weicht der Seligkeit die Ich allüberall im Seelenraum verbreite. Sensibel für das ewig Heitere geworden, fühlst du dich wie in den Sternenraum getragen und erlebst dich als ein Wesen von erhabener Gefälligkeit am grandiosen Werk das Ich im Universenreich getan. Das Freudesein floriert und die Beschützer Meiner guten Gaben kommen überall zum Zuge wo sie guten Willen, Gläubigkeit, Liebkosung und Verehrung des Geschicks empfinden.

7.19

Das Väterliche strömt dem Mütterlichen liebevoll entgegen und beseligt es in vollen runden Zügen wo die Zeichen auf Erfüllung und Bewunderung stehn. Ich Bin Mir in Mir selber eins in des Seins vollendetem Gefüge und gewähre den ins Leben Inkarnierten hocherhabnes Selbstvertrauen, Herzensglück und Ruh. Sie können es kaum fassen, wie sie in der dräuendsten Gefahr von einer überragenden Gelassenheit beseelt sein können und zugleich von den beglückendsten Gefühlen, die mit ruhiger Bestimmtheit haargenau in Meine Richtung zielen. In Mir sind auch die kleinsten Dinge hochbedeutend und erfüllen sich nach dem Prinzip der Hoffnung auf unendliches Erlangen. Mit grosser Folgerichtigkeit ist jedes Wesen von dem Drang beseelt sich bis in alle Ewigkeit am Leben zu erhalten. So auch du versuchst in deine Überlegungen nie endendes Gedankengut hineinzubringen was ganz natürlich Meine Gegenwart in dir bezeugt mit allen Raffinessen und Bedeutungen unsterblichen Bestehns.

Wisse, dass von allen Atmungen die Meine immer noch die längste ist, derweil die deine ständig dem Verlöschen preisgegeben wird in Meinem weisheitsvollen Weltsystem. Das soll dich jedoch nicht erschrecken, sondern frisch und munter machen für's Begreifen des natürlichen Verwelkens und Im-Frühling-wieder-Auferstehns. Einmal wirst du voll in Meinem Sinne über allem Werden und Verglühen dich im reinen Sein erkennen als im wahren, wonnevollen Elemente ewigen Bleibens. Du Bist und bist für alle Zeit das Medium des Ursprungs allen Lebens und darfst dich in der Einheit aller Dinge selig in ihm wiegen. Zartheit des Erschaffens bist du und Gelöbnis ewiger Glückseligkeit und Stärke, Seinsgefälligkeit und Überlegenheit in Mir.

7.20

Mustergültiges ersteht vor dir mit jedem Wort das Ich dir freien Sinns vergebe. Gekonntheit ist es die Ich zu dir webe, um dir innig beizustehn und dich in stufenweisem Wachsen zur Allherrlichkeit zu führen. Ja, das ist es was dir nottut: Eine Saga seinsbewussten Ragens deiner grünen Seite zu, in der noch süsses Wachstum möglich ist und In-die-Himmelweiten-Streben. Galant und sicher muss der sein, der sich bewusst zum Lichte wendet das die Welten überstrahlt und Liebeszärtlichkeit und Frieden spendet in der offnen Herzen Seinserheben.

Du Bist, ihr Seid auf Meinen Sinn Getaufte, denen Ich kein Härchen krümmen lassen will im Durcheinander der profanen Tagesrationen. Was aus Mir quillt bezeugt die Qualtität der Sternenbahnen wie das Gewicht der Himmelsleichtigkeit von der die Geisteskräfte zu dir niederströmen. Ich liebe dich so wie die Götter ihre darbenden Geschöpfe lieben und erhebe dich zu dem was gut und lauter ist in allen Dimensionen, Stationen und Berufungen die *sind* und die sich in dein Seinsgewissen weben.

Bist du zur Weihnacht unterwegs so sende Ich dir Königliches zu, damit du es dem Kinde reichen magst in seiner Ambiance von Schlichtheit, Harmonie und seligem Entschlummern in den süssen Schlaf der Seinsgerechten und Verklärten Meiner Lebensstrategie.

Was sich wahrhaft liebt, bewegt sich immer auf der Seite wunderbarer Seinsgerechtigkeit und Liebe zum Allhöchsten, der Ich Bin, und der bewirkt, dass sich die Menschenvölker inniglich begreifen. Mein Liebesstrahl durchlichtet alle Wesen in den Weiten ihrer Lebenssphären und befähigt sie der Welt das Gute und Gerechte, Seinsbrillante und Erhabene zu spenden, das subtile Seligkeit bewirkt und Hoffnung in den aufgeschlossenen Gemütern.

7.21

Meine Motivation ist stärker und begeisternder als alle andern weltweit ausgebreiteten und bestens etablierten und gewaltigen die *sind* im menschlichen Revier. So wird es sein solange wie den Weltenbürgern die Erkenntnis fehlt, dass sie Mich sind in der Wucht und Fülle ihres bodenständigen Agierens.

Gernegrosse sind da fehl am Platze wo es darum geht sich zwischen Seinserhabenheit und menschenweltlicher Bescheidenheit ins rechte Mass hineinzustellen. Dies gelingt, indem du dein Ich-Bin-Gefühl zum Zuge kommen lässest. Übersinnliches wird wirksam und die Weisheit des Allhöchsten kann sich durch dich offenbaren. Wohlgemut und heiter darfst du dann die Fährnisse und Widerwärtigkeiten deines Lebens meisterlich durchschreiten und so den ständigen Kontakt mit Mir geniessen, der Ich alles Bin, und somit im Bewusstsein auch das Deine in Mir trage.

Viele Wege gibt es, um in römische Gebiete zu gelangen, doch nur einen um Mein Herzblut zu gewinnen nämlich: Mich voll Innigkeit zu lieben in der unendlichen Beständigkeit und Wahrheit Meines Seins und Meines Selbstgenügens. Liebe zeugt Vertrauen und indem du Mir vertraust wirst du dich überall geborgen fühlen.

Was du erreicht hast zieht die menschlichen Gemüter an die allesamt in ihrem Sein behütet und beglückt, zu ihm erhoben und von ihm verklärt sein wollen. Das wird dann eine allgemeine Freude sein, wenn viele ihre wahre Wirklichkeit erkannt und sich zu ihr gewendet haben. Sie wissen, dass sie *sind* und an ihrem Sein in alle Ewigkeit ihr Wohlgefallen finden.

7.22

Was ist dein Sein wenn nicht eine Folge von Begünstigungen und Geschenken Meinerseits, die dich erheben und zutiefst beglücken sollen. Gross ist die Sorgfalt, die Ich stets darauf verwende dir auserlesne Wohlbekömmlichkeiten zuzuhalten. Sie beleben dich und sind dein Ein und Alles, wenn du sie nur pflegst und ihnen Sachverstand, Verständnis und Behutsamkeit entgegenbringst in deinem vielverschlungnen Laborieren. Ausserordentliches wird noch bald mit dir geschehn, wenn du offen bist für die Veränderungen, die in dir und deinem Lebenskreis geschehn. Sie motivieren dich zu dem was du dir sein und werden sollst in guten wie in holperigen Tagen. Nicht was *du* willst soll dir dann zu denken geben, sondern was Ich an dir formen will zu höherer Gattung und Bewusstheit, Liebenswürdigkeit und gottgesegnetem Agieren.

  Nicht umsonst versuche Ich seit langem Mich mit dir zu einigen, damit du gross herauskommst in der Welt der Seinsgelehrten und Verklärten göttlicher Ideen, Willenskräfte und beseligender Ideale.

  Was hinhaut trägt den Stempel Meiner Grossmut und Gewandtheit in des Lebens glitzernder Galanterie. An dir ist es, das richtig aufzufassen was dir tagein tagaus begegnet und dich dagegen weder bockig, ungehalten oder unverständig zu verhalten. Lässest du dich mit dem Strom der täglichen Notwendigkeiten zuversichtlich in die Ferne gleiten, sie bereichernd durch dein motivierendes Gedankenleben wirst du unbedingt zum Meer des Seins gelangen, das Ich Bin, und das dich liebevoll empfängt mit seiner fabelhaften Wohlbekömmlichkeit und immanenten Glorie am Sinn und Wesen der Unendlichkeit in Mir.

  Willst du von der Illusion des Eigenseins genesen, so schmiege dich Mir an und *sei* in tausend Freuden Mein bewusster Anhang und Mein Seinsgefährte über alle Zeiten hin im Zauberwort des ewigen Entzückens und Beglückens.

7.23

Moralisch aufgerüstet kannst du immer kräftiger und liebevoller, nützlicher und gottbegnadeter auf deinen Füssen stehn. Ein allgemeines Wohlgelingen hüllt dich ein und tauft dich mit der Sicherheit der Sterne, die mit dir und deiner Wohlgefälligkeit am Sein durchs All spazieren gehn. Du bist niemand etwas schuldig, weil der Herr für dich bezahlt und bemutterst deine Brüder wohlversehen mit der Kraft des Allerhöchsten wie ein Täuberich und eine Entenmutter ihre Brut.

  Deine Werke sind von Scharfsinn, Genialität und Offenbarung neuer, zukunftsträchtiger Ideen und Bewusstheiten gesalbt und führen offensichtlich eine ganze Menschheit himmelan. Wofür denn krampfhaft krampfen wie ein Ochse, wenn Ich dir die Leichtigkeit des Lebens spende aus der Fülle Meiner Wohlgeborenheiten wie der Nachsicht, die Ich dir in deiner Unbeholfenheit gewähre. Du trittst wie ein Vollendeter in die Arena und überbietest dich in einer Schau von Himmelsgrazie und übersinnlichem Vermögen, die jedermann begeistern und jung und alt in eine feurige und friedevolle Zukunft führen. Alles Lächerliche ist an dir verschwunden und du zeichnest dich mit Werten aus, die vordem niemand nur im Mindesten in dir vermutete.

Was lässt dich so am Himmel der Gerechten wie ein Morgenstern erstrahlen? Ich, der in der Pflicht wie in der Sorge stehe über dir, damit dir keiner nur ein Härchen krümmt oder dir das Wasser trübt mit dem Ich dich geziemend rein, gesund und koscher halte. Deinerseits ist nur Vertrauen, abgrundstief, vonnöten in Mein Gegenwärtigsein in dir wie in die mustergültigen Talente, mit denen Ich dich freien Sinns begabe. Alles steht dir zur Verfügung, was Ich dir als Mittel deines Wirkens weltenschöpferisch vorangetragen habe. Du brauchst es nur in Meinem götterlichten Sinne zu gebrauchen und schon ist dein Glück und deine Rechenschaft vor Mir auf's Wohlbekömmlichste vollzogen.

7.24

Wo deine Weisheit aufhört, fang Ich erst so richtig an, dich mit der Güte des Allherrlichen, Allweisen und Barmherzigen zu begaben. Du findest dich in Mir in einem Milieu von allverbindendem Verständnis und Gehaben und gewinnst in wunderbar gediegenen Entwicklungsperioden die Erhabenheit der Herrscher über grandiose Himmelsregionen. Faulenzer sind Mir fremd in diesem regen Ringen um Beständigkeit im Optimieren der Verhältnisse die *sind* aus Meinem Schöpferdrang geboren und fragil geworden durch die Sensibilisierung und subtile Seinsbereicherung die Ich ihnen angedeihen liess. In Wahrheit bist du in die Wolle der Gerissenheit gekleidet in die Ich alles was durch Meine Finger gleitet transformiere. Im Walten alldurchströmender Veränderung entstehen ständig, reizvoll, salonfähig und riskant Wunderwerke an Verspieltheit und genialer Zauberkraft, die sogleich wieder dem Verrotten und Verschwinden preisgegeben sind. Dein Geschick ist es, sie möglichst lange haltbar und bewundernswert, erfreulich und solvent zu halten, ohne dass sie auch nur einen Schimmer von Vergänglichkeit und Trübsinn offenbaren. Du selber bist gehalten, ohne Wimpernzucken Tod und Teufel zu ertragen, ohne auf ihr alleweil zerstörerisches Nagen einzugehn. Meinerseits kann Ich dir sicher sagen, dass zwar die manifest gewordenen Gedanken wieder schwinden müssen, doch was sie einst in ihrer vollen Schönheit waren, bleibt im Bild in seinem vollen Glanz bestehn und bereichert allen Seins unendliches Erhabensein am sagenhaften Werk das es an dir und Mir und allen hat getan.

7.25

Das Prinzip des Wachsens und Vergehns zieht sich durch alle Regionen des erhabnen Seins das Ich verwalte und gestalte und dessen selbstgewisse Züge nicht zu überbieten sind an Schönheit, Zauberkraft und wunderbar gediegenem Sich-in-der-Welt-zu- Präsentieren. Ohne Sein geht nichts im Himmel und auf Erden. Ohne Wandel darbt das Weltsystem und geht an ihrem Schwergewicht zugrunde. So ist es dir denn aufgegeben immerzu Veränderung zu wirken einem Höheren und Seinssubtileren entgegen. Meiner Hilfe dabei kannst du dich versichern indem du lauschend vor Mir stehst, erwartend dass Ich dich in eine sagenhafte Zukunft führe. Ohne inniges Vertrauen auf Mein lenkendes Gehaben bist du nicht fähig effektiv voranzugehen. Du weichst auf alle Seiten aus, verschwendest deine Zeit und hast am Ende nichts gewonnen als Enttäuschung, Reue, Langeweile, Frust sowie von allem viel zu viel.

Mein Weistum ist bestrebt, die Wandernden dahin zu führen wo Friede herrscht im schöpferischen Sein und wo die hellen Tage mit der Lust auf seinsgelassenes Agieren, Mut bezeugen und erhabene Manieren. Das ist auch für dich zu schaffen, wenn du nur die Gnade hast die Fülle auszuschöpfen die Ich dir verliehen habe, um in allem einen Sinn zu finden der den Un-Sinn haushoch überragt.

Zwar bist du frei und bist trotzdem auf's Innigste an das gebunden was Ich Bin und was sich deinem Seinsgewissen in hochheiligen Gesetzen offenbart, die allesamt zur liebenden Gemeinschaft mit den Wesen führen die Verklärung und Glückseligkeit in Mir erlangt und freudevoll empfangen haben. Wie kannst du daran zweifeln ob das Weltsein das Ich vor dir offenbare wirklich sei und in seiner Fülle, seinem Edelmut und seiner Treue zu den Vielgeliebten seiner Gunst auch dich beglücken könne? Dafür Bin Ich dir Garant und Bin dir schuldig was Ich deinem Aufstieg in die Himmelshöhn versprochen habe. Es kommt nur darauf an, dass du dich in Mir aufgehoben siehst und dass du trotz dem Wandel in Mir deine wesenhafte Ruhe findest, seinsbewusst, gutwillig, schlicht und wunderbar.

7.26

Mit dem Schlendrian ist es nun aus mit dir und du beginnst dich deinem wahren Sein und Sinnen zuzuwenden, mitten in der Hoheit und der Fülle Meiner Liebesgaben. Das verlangt zwar deiner besten Kräfte unerhört mobilen Einsatz, doch am Resultat wirst du dich auf besonders innige Weise freuen und erbauen können. Es bahnt sich ein Zusammenwirken zwischen dir und Mir in einem Ausmass an, das deiner besten Träume Fülle locker überbietet und dich zum Sieger werden lässt vor deiner ganzen Nation wie vor der Welt vor der du deines Willens Stärke offenbarst in fabulös gekonnten Zügen.

Millionen jubeln dir Begeisterung zu am zauberhaften Werk das du vollbracht und überbieten sich im Loben und Beklatschen deiner Wundertaten. Ein Mensch wie alle und dabei als Held und Kämpfer aus der Menge der Bewunderer hervorgegangen, den man selbst für Jahrhunderte nicht mehr vergisst in engen wie in weiten Lebenskreisen.

Wie tröstlich mag es für dich sein, dass auch du in einem stillen Heldentum das Beste was dir möglich ist zur Wirklichkeit berufen kannst, wenn du nur willst den Allerhöchsten dazu schlicht und wohlgemut um seine Hilfe bitten in den Aktionen deiner Wahl. Diese werden allesamt vor Meinem Vaterauge offenliegen und was Ich dir dafür spende wird dich mehr als alles Gold und alle Ehre einer Massenwelt beglücken, die ja nur Sensationen will und Spitzenleistungen a discretion. Von Mir jedoch darfst du ein überragendes Bewusstsein sowie eine sonderliche Wachheit und Entschiedenheit erwarten, die dich fähig machen dich im Bund mit den Gottseligen zu wissen, die sich in ruhiger Gemeinsamkeit der Evolution des Weltseins widmen ohne jeden Anspruch auf Gewinn und Lob und fürstliches Falaria Sie erlaben sich am Sein das ihnen innewohnt und tragen nur den einen Wunsch in sich, es nimmer zu verlieren. Sie sind im Stillesein gestillt und operieren aus der Fülle dessen was sie nährt und bildet, überzeugt und schönt und selig werden lässt in Mir.

7.27

Landauf landab verkünden es die Engelscharen, dass das Paradies den Menschen wieder offensteht, wenn sie sich nur dazu entschliessen können edel, rechtschaffen und galant, gerecht und liebevoll zu sein in ihrem Handeln und In-sich-Bestehn. Der Erlöser ist der Welt geboren, dessen Lichtkraft alles Niederträchtige und Finstere beständig überstrahlt, um so die Welt zu reinigen und ihrem Wesen Heil und Helle, Frieden und Vollkommenheit des Seins zu bringen. Du hast dich mit Wohlbedacht in die Epoche der Geschichte eingeboren, deren Wirken feiner klingt als frühere und deren Zünfte gottgefälligere Werke, Werte und Gewinste zu kreieren fähig sind. Auch du gehörst zur Gilde der Begünstigten, die von der Grosstat Christi wesenhaft, inständig und erfolgreich profitieren. Soviel schon habe Ich dir zugestanden, dass du merken solltest wie der Hase läuft, nämlich gradewegs und unverzüglich Mir entgegen. Deine Träume sind von Mir im selben Mass zur Wirklichkeit getragen, in dem du sie verfolgst und aufrecht hältst von Tag zu Tag in deinem Eifer, Schönheit und bewundernswürdige Gediegenheit hervorzubringen.

Ich werte auf was in Vergessenheit zu sinken droht und tauche alles in ein neues Licht das durch den Zeitschub blass und fahl geworden. Verstopfte Brunnen fangen wieder an voll Verve zu fliessen und Gestrandetes wird flottgemacht für weite Fahrten unbekannten Ufern froh und feierlich entgegen. Du magst hier mitziehn oder nicht. Das Ganze des geliebten Lebens driftet unaufhörlich einem grossen Glück entgegen, dessen Inspirator und Beförderer Ich Bin und bleibe seit Äonen. Eine neue Wahrheit ist durch Mich geboren, dass für die Gerechtgeword'nen keine Hindernisse mehr bestehn, um Meines Leuchtens Gravität und Kontinuität für immer zu geniessen. Der Stand der Lebensliebe ist für sie erreicht und lässt sie glücklich sein ob ihren Unternehmungen, Erfindungen und graziösen Wendungen des Schicksals die sie für sich und ihre Welt aufs Trefflichste errungen haben.

Ludwig Weibel, geboren 1933
Lebt in CH-9200 Gossau/St.Gallen
Studienabschluss als Fernmeldetechniker
Schriftstellerische Berufung zur
"Philosophie des Seins" für vife Geister.
Erstellt elegante Graphiken mit einem
Pendel-Apparat. (Siehe Buchumschlag)
Homepage: www.das-sein.ch
E-Mail: ludwig.weibel@hispeed.ch